시네아스트 **송일곤**의 **감성 스토리**
# 낭만 쿠바

시네아스트 **송일곤**의 **감성** 스토리
# 낭만 쿠바

송일곤 글·사진

살림Life

 프롤로그

014 나의 시간은 꿈꾼다
018 우리의 시작
020 이치
022 4월의 어느 날
024 매혹의 오후
034 시간이 멈추다
036 여행
038 소박했던 행복했던
040 그들의 로망
046 쿠바는 야구를 사랑한다

050 새벽 3시의 탁구시합
052 커피, 망고주스 그리고 스프
056 새벽그림
058 동화 同化
064 미학
068 염소와 예수상
072 메타포
074 바하마의 돛
076 달콤한 오후의 상상
080 화려한 조각의 슬픈 건축

084 파리바게트와 서울 밥집
086 마지막 편지
088 쇼 윈도우 남자
090 원피스를 입은 여자
092 고양이 물루
096 길
098 마음에 들어 미안해
100 하얀 날개
107 천 년의 인연
108 동상이몽

110 과거의 기억을 간직한 벽
112 빛
114 흑과 백
116 하나 둘 차차차
118 인간적인 것
120 살바도르 곤잘레스의 거리
126 영웅 아래의 합창단
128 체 게바라를 처형한 남자
130 50주년 메이데이
136 한 여자를 위한 시

138 어느 여름 오후의 기억
140 흰 별들
142 욕망의 찌꺼기를 담는 자
144 코코 택시 운전사들
146 내 마음속의 로시난테
150 올드카를 탄 연인
154 쿠바인은 해삼을 먹지 않는다
156 올드 아바나의 건물들
160 낮잠
162 빈 거리

164 색의 질서
166 네 명의 여자, 네 개의 시선
168 천국과 가까운
174 하나의 심장 네 개의 다리
176 카리브해
179 필리핀이라는 이름
180 마탄사
182 욕망의 에너지
184 상상
186 익숙한 좋은날

188 상자의 여자
192 시간이 준 인연
198 그들이 삶을 풀어낸 공간, 엘 볼로
200 옛 도로의 소네트
202 산테리아의 사제
208 에네켄, 60년 만에 피는 꽃
212 창세기 11장
214 바실롱 Vasilón, 세실리오
216 빨간 리본을 단 쥐
218 어느 소녀의 일상

224 언덕으로 이루어진 거리
226 디아나의 별
230 발레리나
236 우주의 비밀
238 부에나 비스타 소셜 클럽
240 관타나메라
242 가난한 사람들
248 사랑의 편지 A Love Letter
252 시간이 죽지 않는 삶
256 시간의 춤 Dance of Time
258 Soy Cubana!
260 가장 소중하고 행복한 순간
266 슬픈 열대
268 만약 우리가 서로 사랑한다면

 에필로그

# 프롤로그

한때 시집들을 외투 주머니 속에 넣고 다녔다.
지금보다 차가운 눈이 왔으며 옷깃을 올렸고, 버스에서 이어폰으로 음악을 들으며 시를 읽었다. 나는 오랫동안 버스의 종점까지 오가길 반복했다. 밤을 새워 내 첫 번째 타자기로 정성스럽게 단어를 나열했고 웬지 모를 설렘과 함께 손에 묻은 타자기 잉크를 지우고 싶지 않았다. 내가 유학을 마치고 돌아온 서른세 살의 겨울, 내가 사는 도시에서 돈을 버는 것과 유명해지는 것이 행복이라고 선전하는 광고판을 보며 저주를 퍼붓고 술을 먹고 토하던 날, 더 이상 순수를 믿지 않았고 이후로 글을 쓰지 않았다.

지난여름이 시작되기 전 쿠바에 다녀왔다. 쿠바에서 바쁘게 촬영을 했지만 쿠바에서 만난 사람들의 표정을 기억하고 싶었다. 영화를 만들기 위해서가 아니라 온전히 내 자신을 위해 글을 쓰고 싶었다. 그리고 누군가 선물한 푸른색 빈 노트에 한 줄씩 쓰기 시작했다. 비록 몸은 피곤했지만 카메라로 그들의 풍경을 담아 기억하고 노트에 최소한의 단어를 썼다. 나는 쿠바의 바다와 석양이 지는 하늘과 아이들의 웃음소리와 아침 바다를 보면서 마시던 진한 커피를 떠올린다. 서른셋의 그 날 이후 나의 손은 쓰지 않았지만 나의 눈은 시를 읽고 있었다. 모든 것이 기억나지는 않지만 그것이 뭐 그리 중요하겠는가. 나의 기억들이 꼭 글로 쓰이지 않는다 해서 내가 남은 날 동안 후회하지는 않으리라 생각해본다.

그간 몇 편의 변변치 않은 영화를 만들었으며 그 영화 속에 최소한의 내 이야기가 들어있었다. 하지만 이번 쿠바의 시간에게 진심으로 감사한다. 내가 나를 위해 글을 쓸 수 있고 내가 사랑하는 책을 처음 만들어 보는 것은 심장을 뛰게 하고 손에 땀이 차게 만든다. 모든 잊힌 감성의 부활은 여행이 내게 준 선물이자 '자각'이며 '시를 받아들이는 문'이었다.

2010년 5월
송일곤

#01
# 나의 시간은 꿈꾼다

나는 쿠바로 떠나기로 결심했다. 당신처럼 체 게바라Che Guevara에 대한 막연한 동경이 있었고 쿠바의 음악을 좋아했다. 체 게바라는 자신의 조국 아르헨티나가 아닌 다른 나라, 쿠바의 혁명을 위해 피델 카스트로Fidel Castro와 목숨을 걸고 싸웠고 기적처럼 혁명에 성공했다. 그리고 얼마 후 볼리비아에서 또 다른 혁명을 위해 게릴라의 일원으로 총을 들고 싸우다가 처형당했다.

그는 사르트르가 말한 것처럼 근현대 역사에서 가장 완벽한 인간이었다. 자신을 위해서가 아닌 이웃을 위해 목숨을 버릴 수 있는 사람 그리고 완벽한 죽음. 체 게바라. 나는 최소한 그가 목숨을 걸었던 그 신념이 50년이 지난 지금, 어떻게 쿠바에서 이루어졌는지 궁금했다. 체 게바라와 쿠바, 쿠바와 한인들. 이 두 개의 전혀 다른 이미지 혹은 단어. 나는 매혹을 느꼈다. 나는 이 설명할 수 없는 이끌림으로 쿠바로 가기로 결심했다.

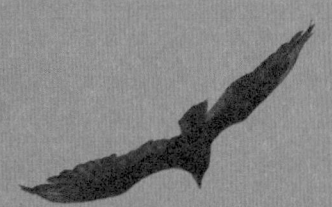

# #02
## 우리의 시작

이곳이 낯설지 않았다. 언젠가 분명히 찾아왔었던 것만 같은 생각이 들었다. 선글라스와 신발을 벗고 땀에 젖은 머플러와 옷을 하나씩 벗었다. 한 아이가 언어로 표현하기 힘든 바다를 꼼짝없이 바라보고 있었다.

물속에서 몸은 천천히 떠올랐고 나는 눈을 감았다.
찰나의 순간, 꿈을 꾸었다.
내 여정의 시작은 이곳이었다.
내 피의 온도와 꼭 같은 이곳.
어머니의 자궁에서 듣던 소리의 근원이 있던 곳.
나는 왜 그리 멀고 긴 여행을 했을까.
우연히 들른 이곳에서 나는 그 비밀의 답을 찾을 수 있다는 희망을 느꼈다.
다시 눈을 떴을 때 해는 바다 건너로 이미 움직였고 나는 해안 쪽으로 고개를 돌렸다. 그 아이는 서 있던 그곳에 없었다.

나는 눈을 떴다.
바다와 하늘 그 중간에 내가 있었다.

# #03
# 이치

우리는 여행을 통해 자신을 본다.
세상과 마주 서는 법을 배우는 자신을,
일말의 두려움을 떨쳐버리기 위해 눈을 부릅뜨는 자신을.
―체 게바라

# #04
# 4월의 어느 날

사진으로 보던 곳에 왔다. 당신도 지금 사진을 보고 있다. 공간으로 나아가는 것은 용기와 시간이 필요하다. 그곳에는 냄새가 있고 촉감이 있으며, 당신의 동공을 열어줄 빛이 있다. 차에서 내려 아바나의 물 근처를 걷는다.

4월의 쿠바.
아직 우기가 시작되기 전이며, 오후는 뜨겁고 밤은 훈풍에 열기가 식어가는 계절이다. 연두색 머플러를 풀어 땀을 닦으며 멀리 바라본다.

드디어, 나는 이곳에 왔다.

#05
매혹의 오후

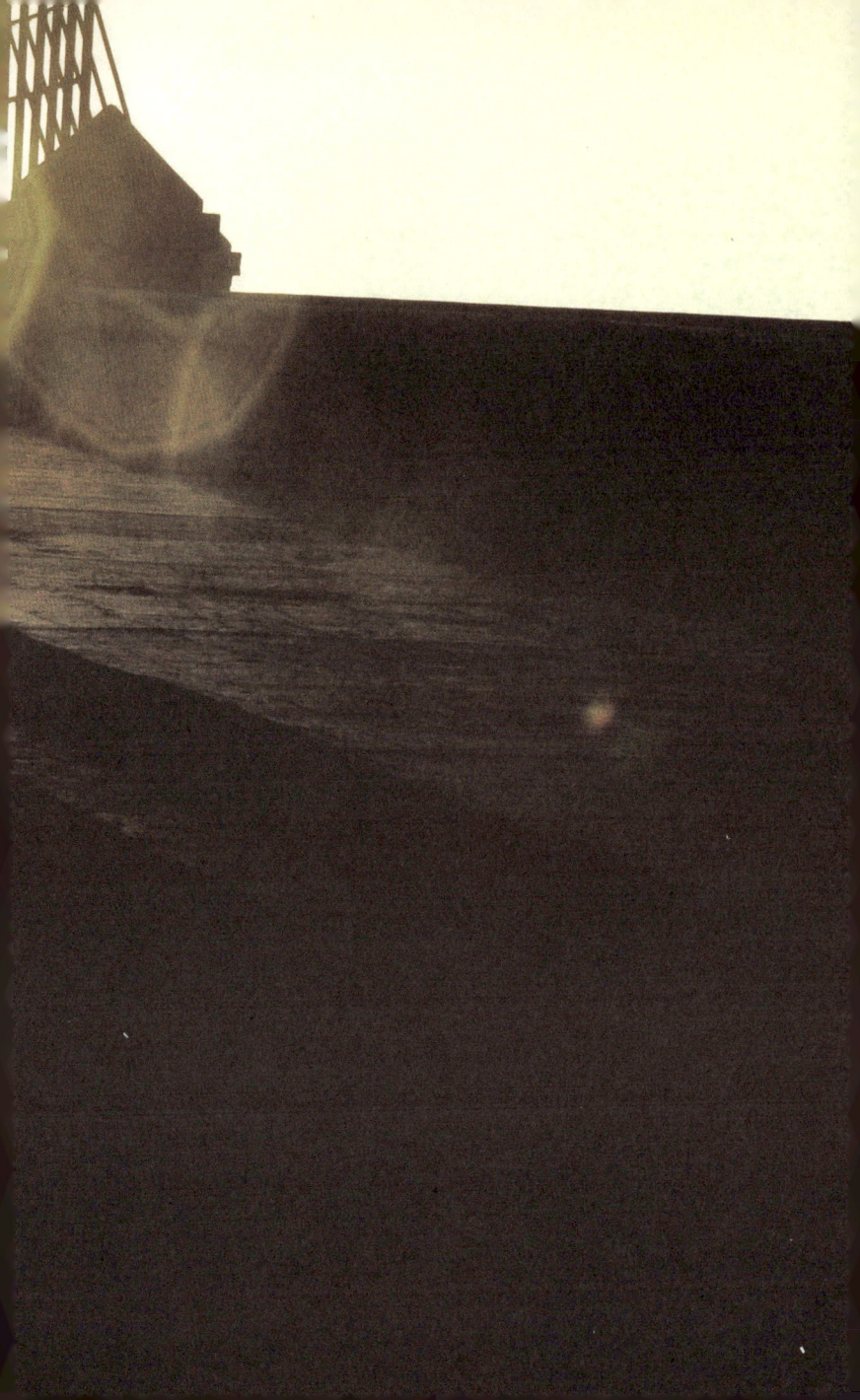

처음 먼 곳에서 아바나에 도착하면 모두가 말레콘Malecon을 걷는다. 그리고 걸어야 한다. 나도 그렇게 했다. 쿠바 사람들은 새들처럼 말레콘의 방파제에 늘어앉거나 걸으며 바다를 보았고, 키스를 했고 사진을 찍었다. 또한 바다를 향해 기합소리를 내며 태권도를 배웠다.

말레콘.
낭만적인 풍경으로부터 일상의 시간이 해안선을 따라 나열된 곳. 매혹이라 부를 수밖에 없다. 카페에서 진한 쿠바의 커피를 천천히 마시며 신기루 같은 풍경을 본다.

나는 잠시 한국을 잊는다. 그리고 카메라 곳곳에 튄 포말을 닦는다.
빈 커피 잔을 만지작거리다가 모히토Mojito를 한 잔 주문한다.
갑자기 시간이 멈추고 나는 잠시 안식을 취한다.

# #06
## 시간이 멈추다

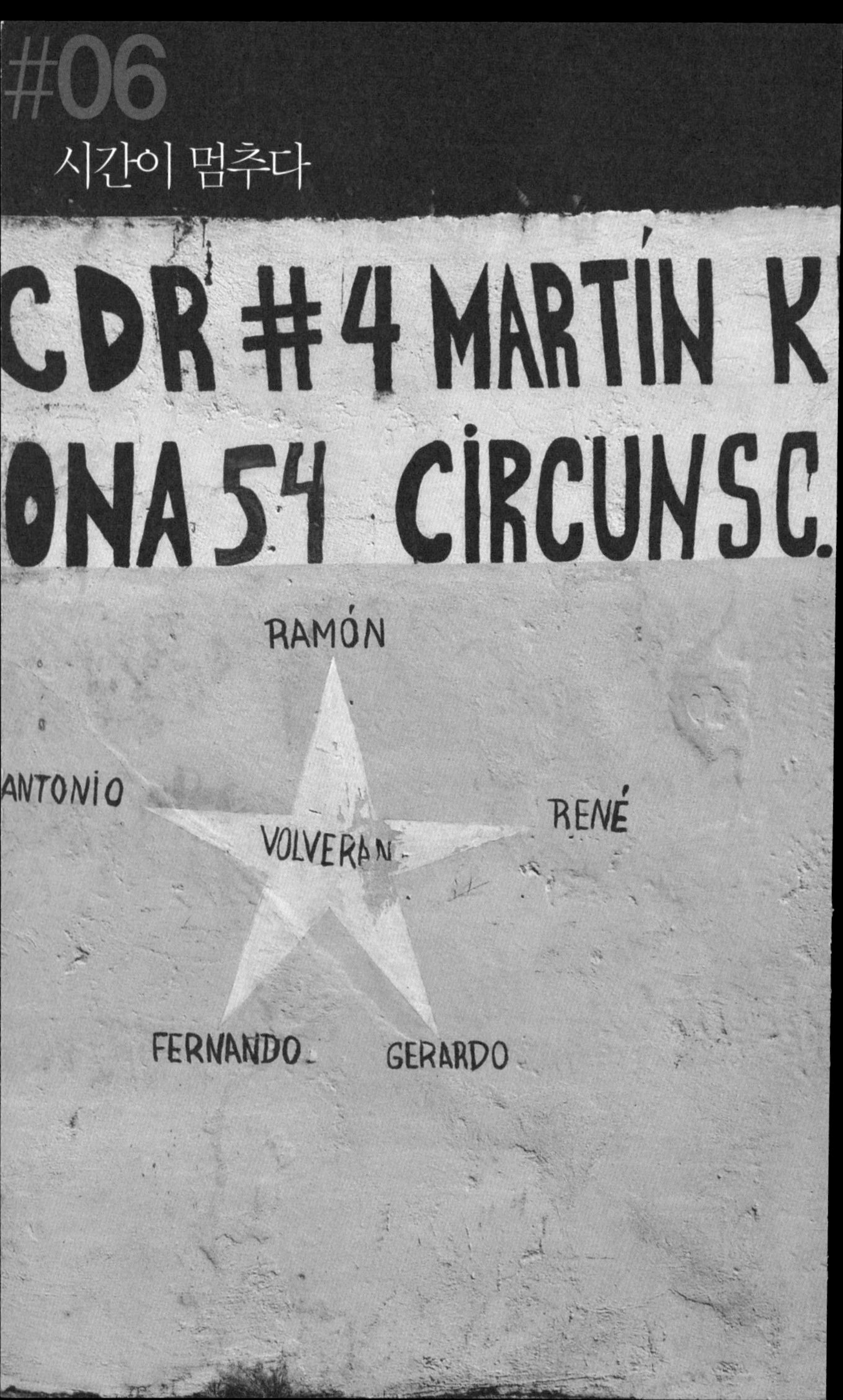

CDR #4 MARTÍN K
ONA 54 CIRCUNSC.

RAMÓN
ANTONIO
VOLVERAN
RENÉ
FERNANDO   GERARDO

나는 카스트로의 혁명 전과 혁명 후의 5년을 존경한다. 그는 열정적이었고 뜨거운 심장을 실천했고 기적 같은 일을 현실화했다. 그는 사형선고를 받고 그 유명한 판옵티콘이 적용된 쿠바의 감옥 '프레시디오 모델로'에 투옥됐다가 풀려나 추방당했다. 그러나 다시 체 게바라와 혁명 동지를 모아 쿠바의 시에라 마에스트라 산에 잠입했고, 드디어 그가 꿈꾸던 세상을 하나씩 이루어갔다. 남미의 어떤 나라도 이런 모순 덩어리 현실을 극소수의 게릴라 투쟁으로 혁명에 성공한 경우는 없다. 그는 미국 식민지배 상태의 쿠바 개혁을 감행했고 권력의 중심에 섰다. 그리고 설 수밖에 없었다. 1959년 당시 누가 그의 이상을 대신할 수 있었겠는가. 체 게바라는 쿠바를 떠나 볼리비아에서 죽었지만 50년이 넘은 지금도 그가 다시 세운 권력의 중심에 있다.

꿈은 나이를 먹고 그의 말투는 느려졌고 권력은 어쩔 수 없이 시간과 함께 병들어간다. 지금은 그의 동생 라울 카스트로가 국가평의회 의장을 맡고 있다. 그는 늙었으며 모두가 늙었다. 아마도 곧 그의 육체는 쿠바의 뜨거운 땅속에 묻힐 것이다. 이것은 자연의 시간이며 순응할 수밖에 없는 시간이기 때문이다.

# #07
## 여행

최초의 자동차 여행자는 칼 벤츠Karl Benz의 아내인 베르타였다. 그녀는 1888년에 남편이 만든 첫 휘발유 자동차를 몰고 독일의 만하임에서 포르츠하임까지 약 106킬로미터를 주행했다. 가는 동안 아들들이 언덕길에서 차를 밀기도 하고 수리를 위해 몇 번이고 멈춰서야 했다.

몇 년 뒤 최초의 자동차 여행자 가운데 한 명인 오토 율리우스 비어바움Otto Julius Bierbaum이 초당 8마력을 내는 무개형 '아틀러 파에톤Adler Phaeton'을 타고 여행길에 올랐다. 그는 베를린에서 프라하와 빈을 거쳐 이탈리아로 석 달간 여행했다. 가장 현대적인 교통수단을 이용해 옛 방식 그대로 여행하는 것이 비어바움의 목표였다. 그는 『자동차로 하는 감상적인 여행』에서 이렇게 말했다.

"여행의 본질은 결코 속도가 아니라 자유로운 이동이다."

# #08
## 소박했던 행복했던

콜럼버스와 스페인 사람들이 아메리카를 정복했고 인디오 혹은 원주민들은 짐승처럼 사육되었다. 유럽인들의 잔인함과 탐욕은 우리 인간의 문명이 저지를 수 있는 가장 추악한 모습이지만 그 모습으로 인해 기술이 발전했고 문명은 고도화되었다. 지금 내가 쓰고 있는 이 노트북의 탄생도 어쩌면 추악한 탐욕과 뗄 수 없을 것이다. 유럽인들은 아메리카 정복과 식민지로 엄청난 부를 축적했고 미국에 자신의 깃발과 집을 지었고 인디언 부족의 씨를 말리고 그 땅을 빼앗고 석유를 캤다. 그리고 석유를 파댔고 자동차와 전기와 전화를 만들었다. 그리고 드디어 인터넷을 통해 쿠바의 호세 아리오사에게 메일을 보낸다. 나는 언젠가부터 타자기를 버렸고 노트북으로 글을 쓰고 디지털 카메라로 찍은 사진을 전송하고 있다.

인간은 뭘까? 대체 어떤 명분으로 미지의 대륙에 도착해 그들의 가족과 자식들을 죽이고 자신들의 부를 축척했을까? 스페인에서 기다리고 있는 굶어가는 가족들을 위해? 더 강대한 나라를 일구어 자손에게 영화를 주려고? 처음 아메리카에 도착한 유럽 사람들은 원주민을 보고 '미개인'이라고 했다. 미개인. 문명 이전의 사람들? 돌로 지어지지 않은 집을 짓고 더러운 움막에서 생활하며 병이 생기면 족장이나 주술사에게 치료를 하는 사람들? 가뭄이 일면 댐을 막고 그 물을 저장해 쓰지 않고 신전에 가축을 바치며 기도를 올리는 사람들?

네팔의 한 부족은 술을 담글 때 병에 부족사람들에게 침을 뱉게 한다. 그 침이 모여서 발효가 되고 그들은 그 술을 나누어 마신다. 맛은 막걸리와 비슷하다고 했다. 과연 나는 그렇게 살 수 있을까? 인도에서 보았던 열기와 헤진 옷을 입은 아이들과 쥐들이 옮기는 그 바이러스들 속에서 우리는 혹은 나는 웃으며 살 수 있을까? 물론 인도의 카스트 최상층의 귀족들은 거리에 발자국을 남길 필요가 없지만 말이다.

# #09
## 그들의 로망

쿠바인은 조국을 사랑한다. 깃발이 거리 곳곳에 나부끼는 가운데 피델과 체 게바라를 가슴으로 사랑한다. 하지만 그들은 미국에 의해 경제가 봉쇄당한 후로는 더 이상 가난하게 살기 싫어한다. 젊은이들은 힙합을 듣고 아디다스 추리닝과 나이키 운동화를 신고 리바이스 청바지를 입고 싶어 하고, 돈을 모아 컴퓨터와 좋은 자동차를 사고 싶어 한다. 자신의 능력만큼 월급을 받고 싶어 하며 국가에서 배분하는 맛대가리 없는 빵에 신물을 낸다. 쿠바인들조차 쿠바의 페소와 쿠바의 달러가 어떤 식으로 유통되는지 알 수 없고 설명하지 못한다. 청바지를 사고 싶다면 쿠바 달러가 있어야 한다. 왜냐하면 청바지는 그냥 바지가 아니라 특별한 미국 바지이기 때문이다. 음악을 듣고 싶으면 라디오를 들으면 된다. 뱅앤올룹슨은 사치기 때문에 쿠바에서는 못산다. 사고 싶으면 해외에 있는 친척에게 부탁하거나 쿠바 달러가 많으면 암시장을 통해 구할 수는 있다.

사회주의가 이렇다면 더 이상 사회주의일 필요가 없다. 아마도 마지막 남은 사회주의는 카스트로의 죽음 후면 급격히 미국과 다른 열강에 의해 또다시 자본주의로 바뀔 것이다.

이 아름다운 땅은 스페인에 의해 그 귀족들과 자식들의 사치품을 사기 위해 오염되었다. 원주민의 95퍼센트가 죽었다. 이유는 전염병과 자살이었다. 원주민들은 새로운 대륙에서 온 바이러스를 이기지 못했다. 또한 유럽 사람들에게 영혼을 굴복당하고 싶지 않았던 탓에 집단 자살을 선택했다. 죽음으로 인해 노동력이 없어진 쿠바에 스페인은 아프리카에서 11만 명의 노예들을 배에 싣고 왔다. 11만 명. 17~19세기 동안 그 세 배에 달하는 사람들을 배로 아프리카에서 쿠바까지 실어 날랐다. 긴 항해 동안 배 안에서 많은 아프리카 사람들이 죽었다. 살아남아 새로운 대륙에 도착한 아프리카 사람들은 대부분 건강하거나 운이 좋은 사람들이었다.

19세기 무렵 미국은 비옥한 쿠바의 땅을 방치하지 않았다. 그들은 쿠바를 얻기 위해 전쟁을 선택했고 전쟁에서 승리했다. 엉뚱하게도 미국은 전리품으로 관타나모를 영구적으로 임대하는 계약을 체결했다. 쿠바혁명 이후에도 미국과 적대적인 관계인 쿠바의 땅 관타나모에 미국 해군기지가 있는 것은 이 때문이다. 이후 쿠바는 미국으로부터 독립했으나 미국은 쿠바를 1959년까지 자신들의 휴양지로 개발했다. 카지노가 들어섰고 아바나는 매춘의 도시로 변해갔다. 미국의 거대 농산물 기업들은 싼 쿠바의 노동력으로 쿠바의 작물들을 키우고 미국에 보냈다. 미국에서 세운 바티스타 대령이 쿠데타에 성공하자 미국은 언제나 그렇듯이 꼭두각시놀이를 했다. 그러나 오래지 않아 1959년 1월 1일 피델과 체 게바라가 전 쿠바인의 키스와 열렬한 환호 속에 아바나로 입성하면서 바티스타 정권과 미국의 쿠바는 종말을 맞게 된 것이다.

# #10 쿠바는 야구를 사랑한다

나에게 쿠바를 보여준 안내자이자 쿠바에 대해 가르쳐준 스승이었던 56세의 호세 아리오사는 야구에 미쳐 있었다. 그의 말에 따르면 아바나 대학교 학생시절 투수를 했었는데 최고 구속이 140킬로미터가 나왔다고 했다. 그 정도 구속이면 프로야구 투수의 구속이다. 잘 알려진 대로 피델 카스트로도 야구광이다. 쿠바인들은 야구를 사랑한다. 그들의 삶에서 야구를 빼면 영혼이 없는 육체와 같다. 세계 아마야구 최강이자 랭킹 1위가 쿠바이며 지금이라도 당장 망명하면 메이저리그에서 수천만 달러를 연봉으로 받을 선수가 즐비하다. 얼마 전에 미국으로 망명한 아돌리스 차프먼는 164킬로미터를 뿌리는 왼손 투수인데, 그가 처음 메이저리그 선수가 되기 위한 망명에 실패했을 때 카스트로와 쿠바인은 그의 재능을 사랑했기에 감옥으로 보내지 않고 국가대표팀에 다시 뛸 기회를 줬다.

우리가 2008년 베이징 올림픽 야구 결승전을 잊지 못하듯이 쿠바인들도 그 경기를 통해 '대한민국'이라는 나라를 알게 되었을 정도로 그 경기는 극적이고 멋진 경기였다. 9회말, 1사 만루에서 정대현의 공에 율리스키 구리엘은 병살타를 쳤다. 쿠바는 안타 하나면 아니 희생플라이 하나면 경기를 뒤집을 수 있었지만 신은 한국에게 금메달을 안겨주었다. 이승엽은 울었고 나도 감격했다.

베이징 올림픽 본선 직전, 쿠바 대표팀과 우리나라 대표팀은 한국에서 두 번 친선 경기를 한 적이 있다. 첫 경기는 6-2로 쿠바가 이기고 두 번째 경기는 15-3으로 한국이 이겼다. 이 경기는 쿠바 전역에 생중계가 되었고 거의 모든 쿠바인이 봤다. 그리고 호세 아리오사는 쿠바 대표팀의 공식 통역을 맡고 있었다. 쿠바가 국가 대항전에서 10점 이상 준 경기는 거의 찾아 볼 수 없다. 게다가 한국은 쿠바를 상대로 24연패를 기록 중이었고 1999년 이후 국가대표 간의 정규 경기에서 단 한 번도 이긴 적이 없었다. 그런데 한국에서 벌어진 평가전에서 10점차로 쿠바가 지고 있자 경기 도중 감독인 안토니오에게 한 통의 전화가 왔다. 쿠바 넘버 원 남자. 피델 카스트로 전 국가평의회 의장에게서였다! 한 나라의 최고 지도자가 친선경기에 감독에게 전화하는 경우는 흔치 않을 것이다.
"당신 미친 거 아냐?" "이게 무슨 나라망신이냐!" "변방의 약체팀에게 이런 점수차로 지는 게 말이 되냐?" "당장 투수 바꿔!" 아마도 이런 호통을 치지 않았을까?

# #11
# 새벽 3시의 탁구시합

30여 년 전 호세 아리오사는 북한 통역관이였다. 그러던 어느 날, 젊은 호세 아리오사는 피델 카스트로가 쿠바와 북한의 정상회담을 위해 김일성을 만나러 평양을 방문했때 통역관 자격으로 평양의 한 호텔에 방을 배정받았다. 피델 카스트로도 같은 호텔의 귀빈실을 배정받았는데 보안상의 이유로 그가 몇 호실에 자는지 알려 주지 않았다. 시차적응이 힘들어 새벽 3시가 넘어서도 잠이 오지 않아 호텔 복도를 서성이던 호세는 탁구대를 하나 발견했다. 아바나에서도 러시아 외교관들과 거의 매일 내기 탁구를 치는 것이 유일한 기쁨이였기 때문에 탁구대를 보는 순간 그의 눈동자는 빛이 났다. 마침 북한 경호원이 탁구장 근처에 서 있는 걸 보자 그는 한국어로 물었다.

"잠도 안 오는데 탁구 한 판 어때요?"

경호원은 지금은 당신네 최고 지도자가 이 호텔에 묵고 있고 근무 중이니 다음에 치자고 거절했지만 그는 열심히 땀을 흘려 탁구를 친 후 몸을 피곤하게 하여 빨리 잠자리에 들고자 했다. 그는 다시 설득했다.

"이 시간에 다 자고 있을 텐데 뭐가 어떻습니까? 그리고 피델 카스트로가 어디 자고 있는 지 알 수도 없잖아요?"

계속되는 설득에 경호원은 망설이다가 탁구채를 쥐며 말했다.
"딱 한 판입니다."
둘은 국가 대항전을 방불케 하는 자존심을 걸고 탁구채를 쥐었고 시합이 한판으로 끝나지 않은 것은 너무나 당연했다. 호세와 북한 경호원의 승부는 긴장감 속에 계속 되었고, 호세의 머릿속에 다음날은 없었다. 정신없이 탁구를 치던 그 때, 북한 경호원의 얼굴이 삽시간에 굳었다. 피델 카스트로가 잠옷차림으로 두 손을 뒷짐을 진 채 서 있었고 한참을 호세를 노려 보다 말했다.
"호세! 지금이 몇 시야! 잠 좀 자자!"
호세는 일순간 놀라 차렷 자세가 된 채 말했다. 아니 외쳤다.
"죄, 죄송합니다! 사령관 동지!"
안타깝게도 피델의 방은 탁구장 바로 옆에 있었고, 그는 탁구공 소리 때문에 잠을 못 이루고 있었던 것이다. 새벽 네 시의 상황이었다. 다행히 벌은 면했지만 아침 일찍 정상회담을 위해 카스트로를 따라 회담장으로 들어가는 순간, 누군가 그의 앞에서 문을 닫아 버렸고 그는 안으로 들어갈 수 없었다. 그는 극도로 긴장한 채 당황했지만 문은 다시 열리지 않았다. 그는 회담에 참석 할 수가 없었다.

# #12
## 커피, 망고주스 그리고 스프

쿠바를 여행하며 호텔에 잔적도 있었지만, 역시 그곳을 알기 위해선 민박을 해야 한다. 한국 사람이 쿠바에 숙박을 하기 위해선 법적으로는 신고를 해야 한다. 미리 예약을 하면 민박을 할 수 있다. 물론 저렴하지 않다. 한국 돈으로 4만 원 정도를 지불하면 메이드가 청소와 아침식사를 제공한다. 나는 한국에선 평소에 두 끼만 먹는다. 아침에는 브런치를 먹는다. 하지만 쿠바에서 일을 하기 위해선 일찍 일어나야 하고 세끼를 먹어야 한다. 4월과 5월의 쿠바는 덥기 때문에 새벽에 일어나 일을 하고 오후엔 잠을 자는 것이 좋다. 아니 시에스타를 취하지 않으면 밤까지 버티기 쉽지 않다. 그래서 쿠바에서 아침은 반드시 먹어야 한다. 아침에 일어나 산책을 다녀오면 메이드가 부엌에서 식사를 준비한다. 장소를 옮길 때마다 아침식사 메뉴가 바뀌었지만 바뀌지 않는 것이 있다. 그것은 커피와 망고주스였다. 쿠비타Cubita라는 이름의 쿠바 커피는 진하고 쓴맛이 강하다. 와인식으로 말하자면 바디감이 묵직하다. 호세도 쿠바 커피를 좋아했는데 그는 네 스푼의 설탕을 넣었다.
"너무 많이 넣으시는 거 아니에요?"
그는 윙크를 하고 씩 웃으며 대답했다.
"쿠바는 설탕의 나라야."
나는 커피를 좋아한다. 특히 이탈리아 에스프레소 마니아라면 마니아다. 아침에 커피를 마시지 않으면 생활이 쉽지 않은 중독자다. 건강에 좋지 않으니 커피를 끊으라고 말하면 나는 그만큼 덜 살겠다. 식탁에 앉으면 먼저 쿠바 커피를 한 잔 마신다. 한 모금 마셔보고 설탕 두 스푼을 넣는다. 달콤하고 쓴 따뜻한 액체가 혀끝에 말린 후 온몸으로 퍼진다. 이제 잠이 조금씩 깬다. 옆에는 얼음을 넣어 갈은 망고주스가 놓인다. 커피를 마신 후 망고주스를 마신다. 달고 향긋한 망고 과즙이 씹힌다. 나는 문득 붉은색 꽃이 만발하고 열대식물이 가꾸어져 있는 고풍스러운 유럽식 정원으로 시선을 옮긴다. 오늘의 날씨와 바람 속의 습도를 느낀다. 그리고 스프가 나온다. 뜨겁지 않은 따뜻한 닭 육수와 야채가 섞인 스프다. 맛있다. 그리고 빵과 삶은 흰쌀과 햄 등이 나오고 계란 반숙이 나온다. 아침식사라고 하기엔 너무 많다. 언제나 남기지만 아침식사를 보고 있으면 흐뭇하다. 빈 커피 잔에 온기가 식은 커피를 따르고 다시 설탕을 섞는다.
이제 하루가 시작된다.

# #13
## 새벽그림

여행을 할 때 숙소를 정하면 짐을 풀고 땀에 젖은 얼굴과 손을 물로 씻은 후 옷을 갈아입고 숙소 주변을 걷는 것이 내가 가지고 있던 습관이다. 만약 도착한 날의 피로가 풀리지 않았다면 샤워를 한 후 침대에 누워 그 장소에 대한 책을 읽거나 독주를 한 잔 마신다. 그리고 창문을 열어 담배를 피우며 아무 말 없이 멀리 빛나는 무언가를 보며 생각을 비운다. 만약 담배를 피우지 않는 사람이라면 차를 마시며 창밖을 볼 것이다.

다음날 새벽 일찍 일어나 천천히 주변을 걸었다. 도시의 정해진 시간대로 이 세계의 질서는 움직이고 있었다. 거리엔 빵을 사기 위해 걷는 노인과 조깅을 하는 늘씬한 몸매의 여인과 청소부와 개들이 있었다. 그리고 아이들이 학교에 갈 준비를 했다. 이곳의 아침 시간은 조용하게 분주하다. 그리고 열기를 식혀둔 시원한 공기가 다시 태양을 맞이할 준비를 끝낸다.

# #14
# 동화 同化

쿠바의 창은 모든 곳으로 열려 있다. 아주 드물게 몇몇의 집에 유리창이 있을 뿐 창은 대부분 열려 있고 여닫을 수 있는 얇은 나무판이 있을 뿐이다. 그것은 세상의 모든 소리가 창을 통해 집으로 들어온다는 뜻이다. 거리의 햇빛과 함께 아이들의 노는 소리가, 빵을 파는 남자의 외침이, 학교를 마치고 돌아오는 소녀들의 웃음소리가, 자동차의 매연이 섞인 시동소리가 이 세계의 슬픔과 기쁨을 담아 함께 창을 통해 들어온다.

일반적으로 인터뷰를 촬영하기 위해선 문과 창을 닫아야만 한다. 주인공의 목소리와 함께 들리는 잡음을 없애기 위해서다. 나는 습관대로 옆집과 거리에서 들려오는 소음들을 막아 보려 했지만 불가능했다. 그 이유는 열려 있는 창 때문이었다. 손으로 여닫는 창엔 유리가 없었고 낮엔 햇빛을 가리는 용도로 쓰이는 나무판만이 있었다. 나는 이 낯선 환경을 받아들일 수밖에 없었다. 인터뷰 중간에 옆집에서 틀어놓은 라디오의 음악소리가 들렸고 아이를 꾸짖는 엄마의 목소리가 들렸고 고기를 구우며 농담을 주고받는 남자들의 목소리와 웃음소리가 들렸다. 한마디로 통제가 불가능했다. 그래서 든 생각은 '포기'였고 난 받아들일 수밖에 없었다. 하지만 차츰 시간이 지나면서 '왜 아니겠어. 쿠바는 원래 그런 걸……'이라는 생각으로 마음이 편해졌다.

쿠바의 창은 그 집의 주인을 닮아 있었다.

쿠바의 모든 창과 문은 얼굴처럼 표정을 짓고 있었다.

#15
미학

집을 지을 때 항상 창과 문을 내었다.

조선시대를 배경으로 한 영화를 준비한 적이 있었다. 사대부집을 재연하기 위해 전국의 빼어난 고택들을 다녀볼 기회가 있었다. 안동의 퇴계생가를 비롯한 여러 고택들과 경주의 향단, 전라도의 운조루. 하지만 내가 본 가장 아름다운 조선의 고택은 낙선재였다. 낙선재는 왕이 가장 좋아하는 신하를 위해 궁 안에 기거하도록 만든 집이었다. 낙선재와 연결된 수강재와 석복헌 사이의 미로와 같은 복도를 땅을 밟지 않아도 다닐 수 있도록 만든 궁집이었다. 나는 그 무한을 반복하는 하나의 세계를 보았다. 가장 아름다운 집이었다.

한지로 창을 만드는 것에 대해서도 배웠다. 차가운 바람이 들어오지 않고 방안에서 온기를 유지하도록 만들었고 마당의 백토에 반사되는 빛이 은은하게 방안으로 스며들게 만드는 것이 한지로 만든 창의 기능이었다. 공기를 통하게 만들며 빛을 걸러서 방안으로 들어오게 만드는 방식의 창이었다. 그 창에는 한지위에 나무로 문양을 넣어 아름다움을 뽐내었다. 나는 쿠바의 창과 문 위에 새겨진 문양들을 보며 문득 낙선재를 떠올렸다.

빛을 담는 방식이나 빛을 이용하는 방식은 나라별로 다르다. 빛이 필요할 때는 빛을 들이고 빛이 너무 많을 때는 빛을 차단한다. 하지만 인간은 그러한 실용적인 기능 외에 아름다움을 동경하고 추구한다. 그냥 두어도 괜찮은 문 위에 쇠든, 나무든 모양을 만들어내고 연속적인 패턴을 창조하고 보기 아름답게 치장을 한다. 왜 일까? 그것이 인간을 인간답게 만드는 것이다. 아파트 베란다의 발코니에 안전을 위해 만든 합금으로 만든 모양을 보라. 아름답지 않다. 못생겼으며 모든 집이 똑같이 생겨 먹었다. 아름다운 것은 누구나 좋아한다. 그게 사람이다. 이 세계의 어느 곳이던 사람들이 살아가는 방식은 같다.

# #16
## 염소와 예수상

아바나 시내를 내려다보며 쿠바를 수호하고 있는 거대한 예수상. 사회주의 국가지만 종교는 자유롭다. 브라질이 포르투갈로부터 독립한 지 100주년을 기념하여 지은 리우 데 자네이루의 예수상은 팔을 벌리고 있고 게비아 요새가 있는 언덕의 쿠바 예수상은 무언가 이야기하고 있는 듯 보인다. 가만히 들여다보면 체 게바라의 얼굴과 닮았다는 생각이 들었다.

그 예수가 아바나 시내를 내려다보며 수호하고 있다. 그곳에 염소가 한 마리 있었고 예수처럼 아바나 시내를 찬찬히 굽어보고 있었다.

누구냐, 넌?

# #17
## 메타포

우주의 신비를 이해하기 위해선 흙이나 돌멩이를 자세히 들여다보면 된다.
그 이치를 조금씩 알 수 있기 때문이다.
아무렇지도 않게 거리에 뒹구는 의자를 자세히 들여다보면
쿠바의 세계를 조금이나마 알 수 있는 것처럼.
이것은 메타포다.

# #18
# 바하마의 돛

얼마 전 요트를 만드는 분이 배에 관한 이야기를 들려주었다. 콜럼버스 시절의 배는 뒤로 갈 수가 없었다. 적도를 기준으로 서쪽과 동쪽으로 바람이 부는데 그 바람을 타지 않으면 배는 원하는 방향으로 갈 수 없었다. 1492년에는 그랬다. 콜럼버스가 바하마에 도착하기까지 두어 달이 걸렸다. 그런데 그들이 바하마에 도착했을 때 원주민들의 배는 역풍을 거슬러 올라가는 원주민들의 배를 보고 까무러치게 놀랐다. 해답은 돛이었다. 사각형 돛이 아닌 삼각형 돛을 달고 지그재그로 움직이면 그 힘을 이용할 수가 있다. 물론 목적지까지 가기위해선 제곱의 시간이 걸린다. 하지만 역풍을 거슬러 갈 수 있다. 스페인 사람들은 원주민에게 이 기술을 배웠고 유럽으로 가지고가 새로운 배를 만들었고 그 삼각형 돛을 '바하마의 돛'이라고 이름붙였다. 유럽인들은 원주민을 미개한 존재라고 불렀고 그들을 노예로 삼고 학살했다.
중세 유럽 문화는 전쟁의 역사로 이루어졌었다. 그들의 무기는 날로 발전했고 전쟁은 끊이지 않았다. 그 기술로 인해 그들은 아메리카를 정복했고 상상할 수 없는 착취를 했다. 마치 거대한 빨대를 아메리카와 대륙에 꽂은 것처럼 500년 동안 그리고 지금까지도 빨아먹고 있다. 자원과 노동력과 영혼까지 말이다. 바람을 거슬러 바다를 건널 줄 몰랐던 그들이 말이다. 폭력의 역사가 인간의 문명을 진보하게 만들었다. 탐욕이 미국을 만든 것처럼.

누군가 웃으면 누군가 그만큼 운다는 말.
이세상의 돈은 항상 정해져 있다는 말.
누군가 많은 돈을 갖게 되면 누군가는 그만큼 가난해야 한다는 말.

아프리카 대륙, 중남아메리카 대륙, 아시아 대륙은 굶주림과 내전에 말라가고 유럽과 미국은 500년 동안 빨대로 채워둔 자원으로 세계를 지배하고 있다.

# #19
## 달콤한 오후의 상상

아바나에 도착해서 가장 해보고 싶은 것 중 하나는 작열하는 태양이 내리쬐는 오후 바에 앉아 선글라스를 끼고 모히토를 몇 잔이고 마시며 시가를 피우고 아무 생각도 하지 않는 것이었다.

쿠바에 도착한 첫날 그렇게 했다. 스무 시간이 넘는 비행으로 몽롱한 상태에서 도착한 후 시가 상점으로 달려가 추천받은 코히바를 한 개비 사고 근처 바에서 모히토를 주문했다. 시가에 불을 붙였고 연기와 함께 모히토를 한 모금 들이킨다. 민트의 향과 함께 입 안으로 달작거리며 퍼지는 얼음 섞인 럼이 갈증으로 말라붙은 혀에 감기는 순간, 나는 정말 외치고 싶었다.

야호!

시가의 향과 모히토의 향이 내 몸에 퍼지는 순간, 나는 그제야 쿠바의 오후를 즐길 준비가 된 것이다.

# #20
## 화려한 조각의 슬픈 건축

한때, 쿠바는 세계에서 두 번째로 부자였다. 스페인의 영향을 받은 건축물이 올드 아바나에 가득하다. 자세히 보면 알 수 있다. 화려한 조각들로 수를 놓은 문양들이 과거의 영화를 명징하게 보여준다. 그러나 창을 보라. 유리를 끼울 돈이 없어 낡은 합판으로 덧대어 햇빛을 막고 비가 새는 것을 막기 위해 슬레이트판을 얼기설기 엎어 놓았다. 회벽의 페인트는 벗겨지고 부식되어 폐허 직전의 색을 드러내고 있다. 그러나 여전히 쿠바의 슬픈 건축은 쿠바다. 아무리 가난해도 나름대로의 아름다움을 유지하고 있다. 건물들은 기묘하게 어울리고 칠이 벗겨지고 나무로 덧댄 창들 또한 하나의 질서처럼 정연하다. 그래서 올드 아바나를 세계문화유산으로 지정했으리라. 과거의 영화를 고스란히 견뎌낸 이 공간.

# #21
## 파리바게트와 서울 밥집

쿠바에서도 빵은 빵이다. 빵의 어원은 포르투갈에서 왔다고 하지만 스페인 말로도 빵이라고 부르기 때문이다. 쿠바의 빵은 딱딱하다. 쿠바 정부는 빵을 배급한다. 쿠바 사람들은 배급하는 빵을 좋아하지 않는다. 맛이 없기 때문이다.

주한 프랑스 대사관의 한 남자가 말했다. 왜 당신네 빵집을 파리바게트라고 이름 지냐고. '빵집 이름조차 못 지어서 프랑스 수도를 빵집 이름으로 짓는 사람이잖아'라는 말인가? '서울 찹쌀떡' '서울 밥집'이라고 이름 지어진 밥집 혹은 빵집이 파리의 한 구역에 두 서너 개 씩 있고 통신사 카드로 10퍼센트씩 할인을 해 준다고 하자. 상상인데 어떤가? 만약 그렇다고 치자. 우리나라 사람들은 어떨까? 한국 사람이 파리 곳곳에 걸려 있는 '서울 찹쌀떡'을 본다고 그들이 우리의 문화를 동경한다고 생각할까? 어쩌면 그럴 수도 있겠다는 생각이 잠깐 들었다.
왜 우리나라의 대표적인 빵집 이름이 왜 '서울 빵집'이 아니라 '파리바게트'일까? 멋있어 보여서 일까? 불러서 혹은 프랑스에 대한 동경 때문인가? 그 동경은 과연 어디서 올까? 왜 우리는 인도네시아나 동티모르의 문화는 동경하지 않으면서 '파리의 바게트'는 그렇게 좋아하는 걸까? 대체 '매일매일'이라는 뜻의 '뚜레쥬르'라는 발음도 어려운 빵집은 또 왜 그렇게 많은 걸까? 그러고 보니 내가 제일 좋아하는 빵집은……, 아뿔싸! 삼선교 사거리에 있는 '나폴레옹 빵집'이다!

# #22
# 마지막 편지

피델,

지금 이 시간 이런저런 상념들이 떠오른다네. 자네를 마리아 안토니아 집에서 처음 만났던 때와 자네가 나에게 자네 그룹에 합류하기를 청했을 때, 그리고 우리의 여정을 준비하는 동안 느꼈던 팽팽한 긴장감에 대해, 우리가 자기의 죽음을 대비해 누구에게 그 소식을 전해야 할지를 미리 말했을 때, 이 가능성은 갑자기 우리 모두에게 현실로 나타났지. 그리고 우리는 그것이 진실로 현실임을 알게 되지 않았는가. 혁명을 할 때 -그것이 진정한 혁명이라면- 우리가 승리할 수도, 죽을 수도 있다는 현실 말일세. 실제로 수많은 동지들이 혁명에 목숨을 바치지 않았는가.

오늘에는 이 모든 것들이 덜 극적으로 보이네. 우리가 더욱 성숙했기 때문일 테지만, 그러나 또한 역사는 반복하기 때문이겠지. 나는 쿠바 땅에 국한된 쿠바혁명에서 내 몫을 다했다는 느낌이네. 이제 나는 자네와 동지들과 그리고 이제는 나의 것이기도 한 자네의 인민들과 작별하려 하네. 나는 내가 점하고 있는 당의 직책과 장관직과 사령관의 직위 그리고 쿠바 시민의 모든 권리를 포기하네. 이제 나와 쿠바를 잇는 어떤 법적 관계도 존재하지 않네. 오직 공문서 따위로는 파괴될 수 없는 전혀 다른 성격의 관계만이 나에게 남을 것이네.

내가 지나온 길을 뒤돌아보건대, 나는 지금까지 정직하게 또 한결같이 혁명을 공고히 하기 위해 노력했다고 말할 수 있을 것 같네. 다만 하나 내 잘못이라면 시에라마에스트라 시절 처음부터 자네를 온전히 신뢰하지 않고, 자네의 지도자적 자질과 혁명가적 기질을 좀 더 빨리 이해하지 못한 것이겠지. 나는 경이로운 세월을 살았고, 미사일 위기가 계속되는 최근에까지 자네 곁에서 우리 인민과 함께한다는 사실에 큰 자부심을 느꼈네. 이런 경우에는 어떤 국가원수도 자네만큼 영민하게 대처할 수 없었을 터, 보고, 사고하고, 위험과 원칙을 형량하는 자네 뒤를 주저 없이 따른 것이 자랑스럽네.

지구상의 다른 땅들이 나의 미천한 힘을 요구하는군. 쿠바의 영도자로 남을 자네의 책임이 자네로 하여금 포기하게 할 수밖에 없게 하는 그것을 나는 하려 하네. 이제 우리가 작별할 시간이 온 게지. 내가 기쁨과 고통이 교직하는 가운데 떠난다는 걸 이해해주게. 나는 여기에 건설자로서 내가 가질 수 있는 가장 순수한 희망을, 내가 사랑하는 자들의 가장 사랑하는 부분을 남겨두고 가네. 나를 아들로 받아준 인민의 곁을 떠나네. 내 정신의 한쪽을 남겨두겠네. 새로운 전장에서 자네가 나에게 심어준 믿음을 간직하겠네. 우리 인민의 혁명의식과 내 의무의 가장 고결한 부분을 완수한다는 가슴 떨리는 기쁨을 간직하겠네. 제국주의와 투쟁하는 그곳에 이들이 모두 함께할 것이네. 내 아픔을 쉽게 치유하고 위로하는 바는 이것뿐일세.

다시 말하거니와 나는 쿠바에 대한 모든 책임을 벗고, 오직 이상형의 쿠바만을 기억하겠네. 그래서 다른 하늘 아래 내 최후의 시간이 도래한다면, 내 마지막 생각은 쿠바 인민들에게, 특히 자네에게 향할 걸세. 자네의 가르침과 자네의 모범에 감사하네. 내 행동의 마지막 순간까지 그것을 충실하게 간직하려 노력하겠네. 나는 늘 우리 혁명의 대외관계에 집착하곤 했지. 그리고 지금도 그러하네. 내가 어디에 있든 나는 언제나 쿠바 혁명가의 책임을 완수할 것이며 또 그렇게 행동할 것이네. 나는 나의 아이들과 아내에게 어떤 물질도 남겨주지 않을 터, 이것이 나를 슬프게 하지는 않네. 왜냐하면 그들이 먹고, 교육받는 데 필요한 모든 것을 국가가 줄 것이기 때문일세.

자네에게, 인민에게 할 말이 많았는데, 그것도 의미가 없다는 느낌이 드는군. 내가 이야기하고자 하는 바를 어찌 말로써 다하겠는가. 종이만 더럽힐 뿐이겠지.

영원한 승리의 그날까지!
뜨거운 혁명의 열기로 얼싸안으며,

체 게바라

# #23
## 쇼 윈도우 남자

아침부터 강렬한 태양이 거리로 그 빛을 뿜어낸다.
차양이 쳐진 건물로 이어진 거리며 상점이 늘어져 있다.
두 개의 석상 사이로 한 남자가 쇼 윈도우
안을 들여다보고 있다.
두 손을 거울에 대고 있으며 무언가를 보고 있다.
나는 그것을 볼 수 없다.
대신 유리에 반사된 거리의 풍경이 얼핏 보인다.
이곳은 쿠바의 아바나다.
그는 아마도 무언가 사고 싶어 한다.
그가 돈을 모으면 아마 이곳으로 달려올 것이다.
자신을 위한 것일 수도 있고
가족이나 친구를 위한 선물일 수도 있다.
쿠바는 사회주의 나라다. 아이러니하게도
갖고 싶은 소유의 욕망이 있다면
그는 달러가 필요하다. 그는 아침부터 아직
열지 않은 쇼 윈도우 안의 무언가를 욕망한다.
두 개의 석상 사이에서 말이다.

옅은 파란색과 살구색 그리고 화려한 문양이 들어간 타일로 멋을 낸 벽과 바다. 그야말로 쿠바적인 조화를 이룬 색의 배치가 완벽하게 된 건축물의 문에 흰색 선글라스 테와 흰색 옷을 입고 레이스 양말을 신은 한 여자가 문으로 들어가기 직전 말레콘 쪽으로 시선을 돌렸다. 이 아름다운 집에서 차도를 건너면 말레콘의 바다가 보였다.

# #25
## 고양이 물루

마치 도시의 여자들이 아침 9시와 11시 사이 살짝 풋잠을 자듯 고양이들은 바로 그 때쯤 누군가 부드럽게 쓰다듬어주는 것을 좋아한다. 물루처럼 목걸이를 달고 있는 고양이라면 그 목걸이와 털 사이를 손가락으로 쓰다듬듯 살금살금 긁어주는 것을 좋아한다. 고양이라는 이름에 어울리는 고양이라면 마땅히 목걸이를 달아야 한다.

그러면 당장에 그 고양이는 암고양이 사이에서 눈부신 성공을 거두고, 그는 제 자신에 대해서나 제가 살고 있는 집에 대해서 자부심을 갖게 되는 것이다. 살아생전에 그는 작위를 받은 것이다. 그의 새끼들은 태어나면서부터 이미 다른 새끼 고양이들이 갖지 못한 품위 있는 자태를 지니리라.

— 장 그르니에 『고양이 물루』 중에서

바라데로에 머물던 아담한 호텔의 수영장에 흰 고양이가 서성거렸다. 바라데로의 해안도 좋았지만 너무 뜨거운 태양이 해안을 정복하고 있을 땐 수영장이 더 평안을 준다. 그늘이 있고 사람이 없고 가까운 곳에 웨이터가 모히토를 만들어주고 또 의자에 누워 담배를 피울 수 있다. 한참 동안 수영장의 물에 뜬 채로 흘러가는 구름을 보았다. 어린 시절 구름이 변하는 것을 보다가 잠이 들었던 가장 포근한 향수의 순간들이 기억났다. 고양이 물루도 나와 같은 심정이었을 것이다.

# #26
## 길

어디까지 가야 널 만날 수 있을까?

지금, 길을 걷는데
바람이 땅을 차고 공중으로 튀어 오른다.

# #27
# 마음에 들어 미안해

아바나에 처음 도착한 후 이 방에 짐을 풀었다. 근사한 방이었다. 유럽풍의 높은 천장과 자주색에 가까운 붉은 천이 덮인 낮은 원형탁자와 고풍스러운 의자들. 아주 푹신하고 넓은 침대. 그리고 많은 사연을 갖은 옷장. 난 이 방이 정말 마음에 들었다.

이 방에서 일주일 정도 머물렀다. 러시아제 굉음을 쏟아내는 에어컨 소리와 방충망이 없기에 달려드는 모기 때문에 잠에서 깨긴 했지만 이 낭만적인 방은 촬영으로 지친 몸과 마음을 쉴 수 있기에 충분했다. 이 집의 주인은 오페라 가수 출신 여교수였고 그녀의 취향엔 기품이 있었다. 아바나에서 일이 없었다면 며칠이고 이 방에서 책을 읽거나 라디오를 들으며 글을 쓰기에는 완벽한 공간이었지만 난 너무 바빴고 날 기다려준 이 방에게 미안할 만큼 적은 시간을 보냈다.

# #28
### 하얀 날개

아바나 국립묘지를 오랫동안 걸었다. 이미 이 세상 사람이 아닌 수천 명의 이름을 갖은 자들이 묻힌 곳이었고 엄숙한 돌들이 아름답게 조각되어 그들의 육체를 가두고 있었다. 사람들이 꽃을 들고 높은 문을 거쳐 길을 따라 천천히 걸었다. 자신을 기억하는 자의 무덤 앞에 그 꽃을 바친 후 잠시 말이 없었다. 언젠가 꽃을 든 사람도 그 무덤 안에 눕게 되리라. 꽃을 들고 자신을 찾아올 누군가를 기다리리라. 구름은 손에 쥐어질듯 단단하고 가볍게 하늘 위로 흐르고 있었고 몇몇의 인부들이 무덤을 손질하거나 천사의 조각이나 마리아의 슬픈 표정을 무덤 위에 얹고 있었다.

침묵만이 이 넓고 이야기로 가득한 묘지 위를 뜨거운 태양처럼 가득 매우고 있었다. 그중에 한 천사상에 시선을 옮겼다. 그것은 날개를 펼치고 긴장감 넘치는 손을 펼친 천사의 뒷모습이었다. 내 주변엔 아무도 없었지만 카메라를 한참동안 들지 못했다. 두려움 때문이었다. 그 천사는 무덤을 수호하고 있었고 이방인의 호기심을 쉽게 채워주지 않을 것 같았다. 묘지를 걸으며 산자와 죽은자의 얇은 차이에 대해 생각한다.

반드시, 우리는, 이곳으로 들어갈 것이고,
반드시, 우리는, 이곳을 찾아올 누군가를 기다릴 것이다.
이것만큼은 변하지 않을 것이다.

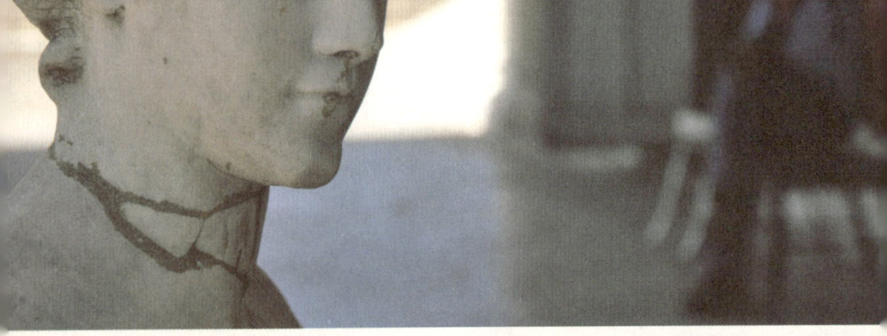

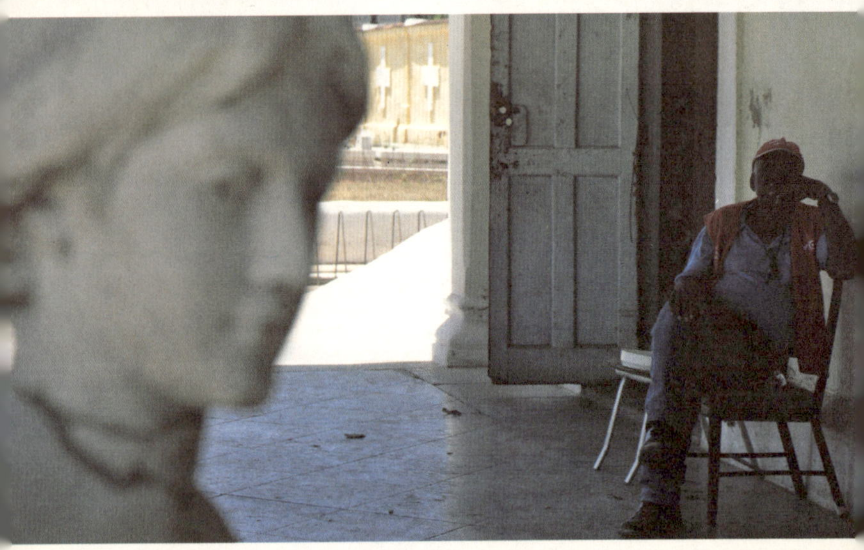

#29

# 천 년의 인연

국립묘지 초입에 서 있는 여인상. 그리고 묘지 관리인. 그는 죽은 자를 방문하기 위해 들어오는 꽃을 든 사람들을 느린 시선으로 바라보았다. 여인상은 그와 거리를 유지한 채 묘지의 입구로 나가는 영혼을 지켜보았다. 둘은 마치 지옥의 문을 지키는 천사와 악마와 같은 역할을 하는 것처럼 보였고, 어쩌면 '오래된 친구이거나 천 년 전에 연인이었을지 모른다'라는 생각이 들었다. 어떤 신의 명령을 어겨서 벌을 받게 된 신화적인 관계……. 그리고 둘은 가끔씩 역할을 바꾸기도 한다.

# #30
## 동상이몽

나는 처음 보는 색들의 조화를 본다. 하지만 이 여자의 눈빛은 낯이 익다. 버스에서 차창 밖을 보며 흐르는 풍경을 보는 사람들. 만약 당신이 혼자 버스에 탄 후 도시를 바라본 적이 있다면 무슨 생각을 하는가.

은행에 들어오지 않은 돈에 대해
사랑하는 사람이 받지 않는 전화에 대해
친구에게 하지 말았어야 했던 나쁜 말들에 대해
이번 주말 가기로 한 소풍에 가지 못하는 이유들에 대해
돌아올 부모님의 생일 선물로 뭐가 좋을까에 대해
불안과 희망과 과거와 미래에 대해

잡념은 또 다른 이야기로 흘러 당신은 어느새 목적지에 다다른다.

# #31
## 과거의 기억을 간직한 벽

쿠바의 거리 곳곳에 쓰인 구호, 혁명!
1959년 1월 1일, 쿠바 현대사 중
가장 기억해야 할 날이다.
체 게바라가 그토록 꿈꾸던 세상은
무엇이었을까?
만인이 평등한 세상,
힘센 미국으로부터의 독립.
그것은 어쩌면 사람과 사람이
서로 사랑하며 살아가는 세계가
아니었을까?

# #32
## 빛

촬영을 할 때 빛은 가장 소중하며 유일한 재료다.
태초에 빛이 있었고
영화와 사진의 탄생에도 빛이 있었다.

# #33
흑과 백

늘씬한 몸매의 젊은 여자가 흑백의 몸매를 들어낸 채 무역센터를 지키고 있었다. 아디다스 로고가 가슴에 선명히 찍힌 옷을 입은 여자는 건물 밖의 공원을 바라보고 있었다. 가족들이 이곳 무역센터가 있는 공원으로 소풍을 왔다. 햄버거와 감자칩을 파는 간이음식점의 스피커에선 요즘 유행하는 빠른 비트의 젊은 음악이 흘러나왔고 그녀는 그 리듬에 맞춰 슬리퍼를 까딱거리며 한참 동안 창밖을 보고 있었다. 흑과 백의 풍경은 쿠바에서 좀처럼 만나기 쉽지 않다. 오직 그녀의 황금에 가까운 색으로 채워진 몸만이 색을 지니고 있다.

#34
하나 둘 차차차

카르데나스Cardenas에 살고 있는 이달리스는 일주일에 한 번씩 동네 선생님에게서 차차차를 배운다. 이달리스는 아홉 살이었다. 학원의 문을 열고 들어갔다. 여자아이 네 명이 전통의상을 입고 서 있었다. 아이들은 카메라를 보더니 조금 어색해했지만 이내 깔깔대며 떠들었다. 실내는 스페인풍의 아름다운 타일이 깔려 있었다. 남미와 아프리카와 유럽의 정서가 아이들의 옷부터 타일과 회벽까지 묻어났다. 아이들은 차차차의 음악에 맞춰 춤을 배우기 전에 짧은 단발의 선생님에게 스텝을 배웠다.

하나 둘 차차차. 하나 둘 차차차.

아이들은 방과 후에 부모의 손을 잡고 이곳으로 왔다.

# #35
## 인간적인 것

남미 일부 지방에서 인디언들은 백인들을 잡아다가 물속에 집어넣고 보초를 세워 그들이 사람처럼 죽고 썩는가를 몇 주간 관찰하게 했다. 인디언들은 백인들이 불사의 신들이 아닌가 하고 의심쩍어 했던 것이다. 반면 백인 정복자들은 인디언을 보고 저들이 사람과는 달리 영혼을 가지지 못한 짐승들이 아닌가 생각했다. 레비 스트로스는 말했다.
"서로에 대해 무지했던 것은 같지만, 타인을 짐승으로 보기보다 신이 아닌가 하고 의구했던 쪽이 더 인간다운 것이다."

#36
## 살바도르 곤잘레스의 거리

살바도르라는 쿠바의 화가가 있다. 그는 어느 날부터 자신의 작업실 벽에 그림을 그리기 시작했다. 그는 쿠바로 건너온 아프리카 흑인들에 관한 그림을 그렸다. 그는 정부로부터 지원금을 받아 그 마을이 자신의 그림과 작품으로 가득 차길 바랐지만 허가가 쉽지 않았다. 그는 아멜Hamel 마을 사람들에게 동의를 구했고 매일 그림을 그리기 시작했다. 결국 한 거리의 모든 집들에 그의 그림과 작품들이 채워졌고 먼 곳의 사람들이 마을을 찾기 시작했다. 이곳은 산테리아Santeria에 관한, 아프리카 흑인들의 한을 달래기 위한, 그들의 근원을 찾기 위한 작은 상징의 시작이 되었다. 이 마을은 결국 쿠바에서 유명한 마을이 되었다. 한 사람의 신념이 소수의 사람들을 설득시켰고 결국 많은 사람들에게 영향을 주었다.

그 화가의 이름은 살바도르 곤잘레스Salvador Gonzalez, 그는 오늘도 그림을 그린다.

핫도그 개가 지나간다.

핫도그 개가 나를 본다.

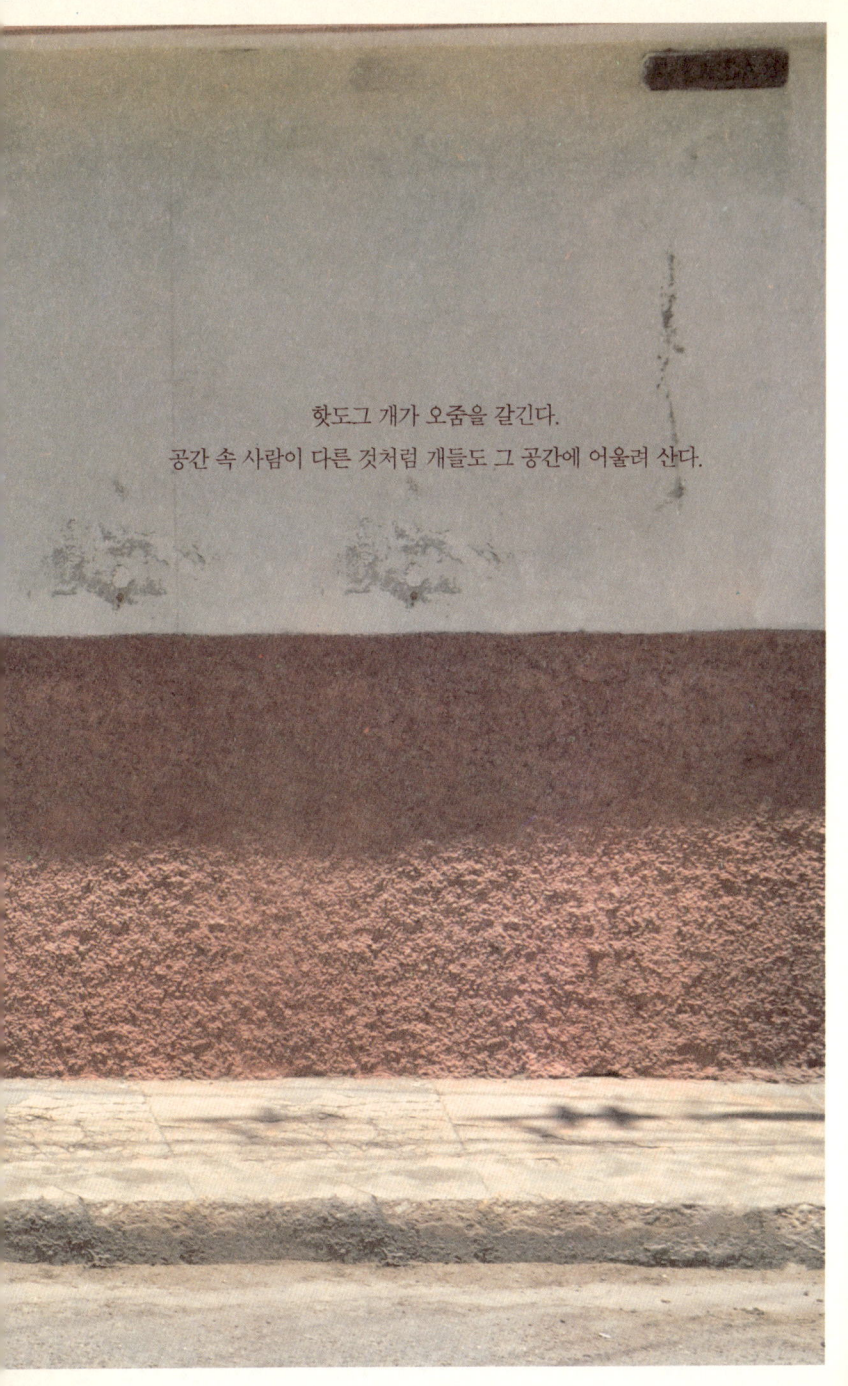

핫도그 개가 오줌을 갈긴다.
공간 속 사람이 다른 것처럼 개들도 그 공간에 어울려 산다.

# #37
# 영웅 아래의 합창단

혁명 50주년의 노동절 기념행진 전날 합창단이 연습을 하고 있었다. 쿠바혁명 영웅들의 그림이 걸리고 있었고 간이로 만든 단 위에 다양한 표정의 쿠바 사람들이 앉아 있었다. 뜨거운 정오였고 조금은 무료한 표정이었다. 군악대와 시민 악단이 섞인 오케스트라의 음악이 흐르자 사람들은 기립했고 혁명가를 목청껏 부르기 시작했다.

선글라스의 할아버지는 손자로 보이는 한 아이에게 노래를 가르치기도 했다. 혁명가는 그리 아름답지 않다. 혁명의 정당성과 애국심을 불러일으키는 뭐 그런 내용이었다. 하지만 땡볕 아래 그리 싫지 않은 표정으로 즐겁게 웃으며 이야기하거나 노래하는 사람들의 표정을 보는 것은 인상적인 경험이었다.

# #38
# 체 게바라를 처형한 남자

1967년 10월 9일 오전 11시경. 볼리비아 하사관 세 명은 밀짚으로 제비뽑기를 했다. 다리에 총을 맞고 체포된 체 게바라를 처형하기 위해서였다. 마리오 테란이 선택되었다. 체 게바라라는 거대한 인물을 사살해야 하는 두려움에 휩싸여 있자 그에게 조건을 제시했다. 체를 사살하면 시계를 하나 주고 웨스트포인트 사관학교 연수를 약속했다. 마리오 테란은 벨기에제 총을 들고 체에게 다가갔지만 체의 눈을 보고난 후 그에게 방아쇠를 당길 수 없었다. 그러자 의자에 앉아 있던 체가 소리쳤다.
"총을 쏴. 너는 단지 한 남자를 죽일 뿐이야. 쏘라고! 겁먹지 말고!"
그는 방아쇠를 당기지 못했다. 그리고 그 유명한 한 마디를 남겼다.
"그의 눈빛은 강하게 빛났습니다. 그에게 매료당했습니다. 그는 크고 위대한 모습이었습니다."
그가 체를 처형하지 못하고 다시 방으로 돌아오자 상사들이 그에게 술을 먹였고 그를 재촉했다. 두 시간 뒤에 테란은 자신에게 겁먹지 말라고 다시 소리를 치는 체 게바라의 몸에 방아쇠를 당겼다. 총알은 체의 몸을 쓰러트렸고 그는 소리를 치던 순간이었기 때문에 눈을 뜬 채 죽었다. 그의 나이 39세였다.

체 게바라를 처형한 마리오 테란에게 약속했던 시계 선물과 사관학교 연수는 지켜지지 않았다. 그는 후에 점점 시력을 잃게 되었는데 역설적으로 쿠바 정부가 체를 기념하기 위해 볼리비아에 지어준 한 병원에서 쿠바 의사에게 무료 수술을 받아 최근 시력을 회복하고 있다고 전해졌다.

# #39
## 50주년 메이데이

2009년은 쿠바혁명 50주년을 기념하는 해였다. 1959년 1월 1일 피델 카스트로와 체 게바라는 바티스타 정권을 몰아내고 쿠바 시민의 열렬한 환영을 받으며 아바나 시내로 입성했다. 카스트로의 연설이 있던 날 기념으로 비둘기를 날렸는데 그중 한 마리가 날아가지 않고 카스트로의 어깨에 앉아 있었다. 이 화면은 마치 상징처럼 된 이미지다. 그로부터 50년이 흘렀고 아이러니하게도 피델은 가장 오랫동안 장기 집권한 남자가 되었다.

나는 메이데이 전날 혁명광장에 갔다. 군악대가 혁명가의 연주 연습을 하고 있었고 연단에 시민들이 노래 연습을 하고 있었다. 사람들은 광장의 뜨거운 태양을 피할 곳이 없었다. 아이들과 여자와 남자들이 그 햇빛을 고스란히 받아내며 군악대의 연주에 맞춰 노래를 불렀다. 연단 위에는 청년들이 웃옷을 벗어 던진 채 천천히 망치질을 하거나 연단 위에 세울 그림을 철사로 감아 설치하고 있었다. 혁명가는 딱딱했지만 북소리에 그들은 몸을 흔들어댔다. 잊을 수 없는 풍경이었다.

쿠바인은 동전이 떨어져 굴러가는 소리에도 춤을 추고 오토바이 시동소리에도 춤을 춘다. 혁명가에 맞춰 엉덩이와 어깨를 아프리카의 부족처럼 흔들어 대는 청년들. 색색의 옷과 선글라스와 모자를 쓴 채 혁명가를 목청껏 부르고 아이에게 노래를 가르쳐주는 할아버지의 모습. 내가 카메라를 들이대면 그들은 환하게 웃어 보인다. 정말 쿠바의 사회주의가 그들을 이토록 순수하게 만들었는지 아니면 쿠바인의 타고난 성격이 그들을 이토록 낙천적이며 낭만적으로 만들었는지 나는 잘 모른다. 군악대는 군인들이 몇몇 섞여 있었지만 일반 시민들처럼 보였다. 할아버지와 학생들과 군인들 그리고 검은 피부와 백인이 뒤섞여 경쾌한 리듬을 만들어냈다.

다음날 촬영을 위해 새벽부터 준비를 했다. 아바나의 모든 사람들이 거리로 나와 행진을 한다고 했다. 각각의 기관의 그림이 그려진 깃발과 플래카드에는 '혁명 만세!' '피델 만세! 라울 만세!' '테러를 중지하라!' 등의 구호와 그들이 그토록 사랑하는 쿠바 국기가 온 거리를 뒤덮었다.

사람들은 대열을 맞췄고 행진을 시작했다. 그들은 아프리카의 북, 종려나무 잎사귀 밀짚모자, 햇빛에 반사되는 비닐을 잘게 찢어 만든 채 등을 손에 들고 구호를 외치고 노래를 부르며 춤을 추며 거리를 행진했다. 수십만의 쿠바인을 만나는 시간이었다. 사람들이 많은 곳에 잘 가지 않는 나 같은 사람조차 그 환호와 외침과 아침부터 뒤덮인 거리와 사람의 냄새들 틈에서 심장은 빠르게 뛰었고 상기된 얼굴은 열기와 함께 뜨거워졌다.

# #40
# 한 여자를 위한 시

날 저물 때, 작은 햇빛은 바람에 떠돌다
담배 피우는 늙은 여자의 입술을 어루만진다.
펴기엔 이미 늦은 그 여자의 등 위에 무언가 반짝인다.
나는 환각을 보고 있는 듯하다.
그것은 작은 상처인데 날개가 붙어 있었던 자국이었다.
여인은 담배를 한 모금 빨고 천천히 걸음을 옮긴다.
길 위의 시간은 너무나 멀고 팔의 힘줄은 싱싱함을 잃었다.
무엇을 할 수 있겠는가……?
한 걸음 옮길 때마다 때 묻은 기억이 떨어진다.
끈에 조여진 늙은 개가 그림자를 핥고, 연인은 뒤를 한 번 돌아본다.
그녀가 흘린 것은 그녀의 머리카락들이었다.
휴일인데 사람들이 없다.
아이들은 너무나 가벼워 땅 위를 걸을 수 없고 어른들은 쉬어야 한다.
오직 그녀만이 내일의 햇빛을 위하여 호흡을 정성껏 아끼고 있다.

# #41
## 어느 여름 오후의 기억

소년은 마치 막 태어난 아이처럼 물속에서 튀어나왔다. 세상의 모든 오후의 기억은 수영장이었다. 한때 우리는 여름날 작은 수영장에서 사촌들과 친구들과 물장구를 치며 미래에 다가올 불안에 대비하는 연습을 했다. 그리고 밤이 되면 치처 잠이 들곤 했다.

# #42
흰 별들

말레콘을 걷다 보면 흰 별이 명징하게 그려진 검은 수십 개의 거대한 깃발이 나부낀다. 이 깃발은 미국 이익 대표부 앞에 세찬 바닷바람을 맞고 쉬지 않고 펄럭인다. 미국에 의해 희생당한 사람들을 상징한다고 했다. 또한 그들이 바다를 바라보는 것을 막기 위한 기능도 가지고 있다고 한다.

# #43
# 욕망의 찌꺼기를 담는 자

세계의 어느 곳을 가던 청소부가 있다.
세계의 모든 욕망의 찌꺼기를 담는 사람.
세계의 모든 흔적을 한곳에 몰아넣는 사람.
세계의 모든 기억들은 마침내 그의 손에 담겨 땅속에 봉인될 것이다.

# #44
## 코코 택시 운전사들

쿠바에 가면 꼭 코코 택시를 타야 한다. 얼굴로 들이치는 거리의 냄새가 섞인 바람을 맞아보고 귀를 때리는 코코 택시의 엔진의 진동을 느껴보고 친절한 운전사가 던지는 몇 마디 농담에 대답을 해주면 된다. 시끄러운 소리와 매캐한 매연을 마시고 나면 조금 취하는 기분이 들며 동시에 혈액순환이 빨라져서인지 기분이 좋아지며 입가에 미소가 돌기 시작한다.

# #45
# 내 마음속의 로시난테

로시난테, 돈키호테가 사랑한 말. 체 게바라도 로시난테를 좋아해서 돈키호테가 로시난테를 가리켜 '포데로소 카바요Poderoso Caballo(힘이 센 말)'이라고 한 것처럼 남미를 여행할 때 타고 다녔던 자신의 오토바이 이름을 '포데로사'라고 이름 붙였다.

# #46
## 올드카를 탄 연인

그들에게 자동차는 낭만이다. 그들은 미국의 경제봉쇄 이전의 오래된 차들을 가꾸고 다시 수리해 색을 입히고 엔진을 갈고 연인을 태운 후 거리를 나선다. 거리에는 현대와 기아 로고가 찍힌 소형 자동차들을 볼 수 있지만 이 도시와 어울리는 자동차는 누가 뭐라 해도 1950~1960년대 풍의 낭만이 절정으로 새겨진 오래된 자동차들이다. 비록 한국에서 사라진 검은 매연을 내뿜긴 하지만 말이다.

나도 1996년에 폴란드 자동차 시장에서 1970년형 메르세데스를 산 적이 있다. 헤드램프가 동그랗게 생기고 긴 자동차였다. 중고차 벼룩시장에서 백만 원을 주고 샀고, 그 자동차로 한 달간 유럽여행을 한 적이 있다. 에어컨은 고장이 났고 매연이 실내로 유입됐고 쇼바는 울렁거렸다. 나는 그 자동차에 '영감이'라는 별명을 붙였는데, 영감이로 독일의 아우토반을 달리면 머리가 어지러워지고 토할 것 같았다. 언덕을 오르면 영화처럼 자동차 엔진 근처에서 연기가 피워 오르며 도로 중간에 서곤 했다. 엔진오일은 샜고 바퀴의 휠이 자주 떨어져 나가곤 했다. 그러나 영감이와 함께한 여행은 잊을 수 없다. 고생한 만큼 '낭만적'이었기 때문이다. 하지만 다시 한번 '영감이'를 타고 유럽여행을 하겠냐고 물으면, 미안하지만 사양할 것 같다.

얼마나 많은 주인들을 바꾸어 태웠으며
또 얼마나 많은 곳을 다녔을까.
침묵 속에서 결코 비밀을 발설하지 않는
충직한 자주색 올드카.
멋진 놈이다.

#47
쿠바인은 해삼을 먹지 않는다

남미를 떠돌던 한 한국 남자가 쿠바에 도착했다. 그는 쿠바의 아름다운 해안에 지천으로 깔린 해삼을 보고 물었다.
"저 해삼을 여기 쿠바 사람은 안 먹나요?"
쿠바인은 해삼을 먹지 않는다. 하지만 한국, 중국, 일본 사람들은 해삼을 좋아한다. 그래서 이 남자는 쿠바 정부에 말했다.
"해삼 채취권을 주면 내 이익의 아주 많은 부분을 정부에게 바치겠습니다."
쿠바 정부 입장에서는 거절할 이유가 없었다. 바다를 더럽히는 골칫거리인 해삼을 없애주는데 돈까지 준다니 말이다. 이 남자는 해삼을 싹 쓸었고 배로 중국과 일본에 팔았다. 그리고 수익의 일부를 쿠바 정부에게 주었다. 비수교국이었던 한국의 중고 자동차와 가전제품이 쿠바로 들어올 무렵 이 남자는 쿠바 정부에 한국과의 무역을 독점할 권리를 달라고 했고 쿠바 정부는 이 남자에게 그 권리를 주었다. 매년 그가 해삼을 팔아 번 이득을 쿠바 정부에 주었기 때문이다.

나는 사업을 잘 모르지만 해삼에 관한 이야기는 재미있다. 이 사업의 아이디어는 글을 쓸 때 번뜩이며 생겨나는 작가적 영감과 비슷하다는 생각을 했다. 김삿갓이 대동강 물을 독점한 것도 창조적 아이디어일까? 아니면 욕심 많은 사업가의 횡포일까?

# #48
# 올드 아바나의 건물들

나는 5년 동안 폴란드 우츠Lodz라는 곳에 위치한 국립영화학교를 다녔다. 바르샤바에서 기차로 두 시간 떨어진 우츠에는 '맨해튼'이라고 불리던 회색 콘크리트로 지어진 30층짜리 거대한 시멘트 상자처럼 이루어진 아파트가 몇 동 있었다. 초현실적이며 핵전쟁 이후의 도시를 그린 그림에서 나올 법한 폐허 위에 지어진 음울하고 기이한 아파트들이었다. 우리는 그 건물들을 '사회주의 건물'이라고 표현했다. 장식과 차별이 없는 딱딱한 시멘트 블록으로 이루어진 건축물들.

말레콘과 가까운 곳에 바벨탑처럼 세워진 가장 높은 아파트에 들어가 보았다. 처음 보는 건축이었지만 왠지 낯이 익었다. 쿠바의 다른 건물들과는 분명 차별된, 내가 폴란드에서 보았던 사회주의 건물이었다. 이 건축물의 복도는 우주선의 복도처럼 무한적이며 동시에 극단적으로 단순했다. 추하고 기이하며 한편으론 아름다웠다. 장점은 이 아파트 옥상에선 아바나의 도시 전체를 볼 수 있다는 것이었고, 단점은 쉽게 길을 잃을 미로 구조라는 것이었다.

올드 아바나는 독립 전쟁 이전의 스페인 양식 건축물로 가득하다. 비록 이 나라의 경제는 최악이기 때문에 이 아름다운 건축물들의 색칠과 보수를 하지 못하고 있지만 1900년대 초반에는 아메리카에서 두 번째로 잘 사는 나라였다는 것을 믿게 만든다. 그 바로 옆에는 이 사회주의식 건물들이 있었다. 곧 카스트로 형제가 죽고 사회주의가 끝나면 쿠바인들은 폴란드인들처럼 "이 동네는 너무 못생겼어! 올드 아바나에 커피나 한잔 하러 가자."라고 말할까? 기이한 사회주의 건물을 혐오할까? 궁금하다.

# #49
낮잠

오월의 태양 아래 모두는 잠시 쉬어야 했다.
해안가 옥수수 잎사귀 끝이 마를 때
낮잠은 죽음처럼 달콤하다.

영원한 안식을 예고하는 낮잠.

개들이 그림자 속으로 파고들고
색깔이 다양한 창문이 닫힌다.

소년이 엄마의 품을 빠져나와
한 손에 콜라를 쥐고
낡은 바퀴살의 자전거를 끌고
천천히 텅 빈 거리에서 친구를 찾아 나선다.

너무 빠르게 달리면 숨이 뜨겁고
너무 천천히 달리면 태양을 견디지 못한다.

오후의 비어버린 세계.
태초의 소리가 도시를 최면에 건다.
소년은 거리의 끝까지 가본다.
잠시 구름이 태양을 가릴 때
소년은 자전거를 멈추고 바다 끝을 본다.
정지했던 파도가 다시 움직였고 옥수수 잎사귀에 물이 돌았다.
영원한 오후의 낮잠은 사람들을 깨우고
개들은 부활하듯 눈을 뜬다.
소년은 거리 끝에서 소녀를 발견한다.

# #50
# 빈 거리

카르데나스. 이곳에선 쉽게 길을 잃는다. 작은 골목들이 똑같이 생겼기 때문이다. 길을 잃어서 다시 대로로 나와 방향을 잡아본다. 거리는 열기 때문에 텅 비어 있었다. 오래된 자동차를 기억해내곤 다시 내가 떠났던 곳으로 찾아간다.

# #51
## 색의 질서

집집마다
칸칸마다
문문마다
창창마다
거리마다
색이 다르다.
이 다른 색들은 하나의 질서가 되고
이 다른 색들은 하나의 사람이 된다.

# #52
# 네 명의 여자, 네 개의 시선

그늘 밖은 뜨겁다. 무언가 기다린다. 그렇다. 버스를 기다린다. 맨 왼쪽 여자는 중년이며 검은색 원피스에 파란색 목걸이를 했고 안경을 쓰고 있다. 무늬가 들어간 망사 스타킹 위에 굽이 높은 구두를 신고 있다. 그 옆의 키가 큰 육감적인 몸매의 여자는 아이스크림 한 통을 거의 비우고 있다. 쿠바에서 불티나게 팔리는 네슬러 아이스크림이다.

그 옆의 여자는 핸드폰을 보고 있다. 그렇다. 쿠바 사람들도 핸드폰을 사용한다. 하지만 통화를 하는 경우는 드물다. 통화료가 엄청나게 비싸기 때문이다. 그래서 삐삐로 쓴다. 전화번호를 확인하고 집 전화를 사용한다. 아래 위 카키색의 옷에 검정 배낭을 들고 있다. 맨 오른쪽 여자는 아마도 일을 끝내고 집으로 가고 있는 것처럼 보인다. 아이들에게 줄 무언가가 흰색 비닐봉지에 들려 있고 더위가 느껴졌는지 겉옷은 팔에 걸쳤다.

네 명의 쿠바 여자. 네 개의 다른 생각들.

# #53
## 천국과 가까운

이곳 바라데로는 카르데나스와 마탄사스Matanzas 근처에 있는 세계 최고의 휴양지 중 하나다. 해안을 따라 리조트와 음식점들이 늘어서 있었고 나는 해안가 바로 옆에서 숯으로 구운 훈제 바다가재를 주문했고 모히토를 마셨다. 이곳은 천국과 가까운 곳이었다. 스페인을 비롯한 유럽의 거대 자본으로 지어진 초특급호텔과 리조트들이 아름다운 해안을 바라보며 줄지어 늘어서 있다. 아이러니하게 이 호텔과 리조트에는 외국인들만이 숙박할 수 있다. 쿠바 수입의 절반이 관광산업이다.

카스트로와 체 게바라는 혁명 성공 후 사회주의 체제로 전환하며 자본주의 탐욕을 통렬히 비판했다. 하지만 쿠바는 점점 가난해졌고 외국의 자본이 없으면 살아가는 것이 불가능했다. 자본과의 타협만이 생존이라는 답을 내렸다. 쿠바인 모두의 것인 바라데로 해안 중 가장 아름다운 곳에 유럽인의 돈으로 만들어진 리조트와 호텔이 들어섰고 그곳에서 쿠바인들이 유럽인과 캐나다인을 위해 침대의 시트를 갈고 청소를 하고 경비를 서며 노래를 불러주고 춤을 춘다. 기막힌 아이러니가 천국과 닮

은 해안에서 차차차처럼 벌어지고 있었다.

물론 쿠바인들도 바라데로를 사랑한다. 이곳은 쿠바인들의 신혼여행지이며 세계 각국에서 쿠바의 낭만에 매혹된 관광객들이 몰려든다. 통역관 호세도 신혼여행을 회상하며 바라데로를 보여주었다. 살이 오른 바닷가재를 숯불에 구운 요리와 박하 잎이 진하게 퍼지는 모히토를 마시면 쿠바의 악단이 테이블을 돌며 노래를 불러준다. 그 유명한 쿠바의 레퍼토리들. 찬찬, 과히라 관타나메라, 라 팔로마를 부르면 테이블의 외국인은 미소를 머금고 쿠바 달러를 꺼내 악단의 모자에 넣어준다. 악단은 다시 친절한 웃음으로 인사를 건네고 다른 테이블을 돈다. 쿠바인은 결코 악단을 자신의 테이블 앞으로 초청해 노래하게 하지 않는다. 이것은 하나의 보이지 않는 규칙이다. 낭만을 돈으로 사는 것처럼 쉬운 것은 없기 때문이다.

몇 발자국 걸으면 바라데로의 바다가 당신을 기다리고 있다.

그곳에서 그들이 살사를 췄다.
사람들은 춤을 춤으로서 황홀한 경지로 잠겨들고
현세와 내세 사이의 차이를 뚫고 나아가
신령의 세계에 도달한다.

# #54
# 하나의 심장 네 개의 다리

춤이란 의미인 댄스Dance는 산스크리트어인 탄하Tanha가 어원이다. 탄하는 '생명의 욕구'를 뜻한다. 한때 탱고를 아주 잠깐 배운 적이 있다. 얼마 전 작고한 근대 춤의 여신인 피나 바우쉬Pina Bausch가 노년에 탱고에 흠뻑 빠져 있었다고 했다. 탱고는 '하나의 심장 네 개의 다리'라고 불린다. 남자와 여자가 하나의 몸이 되지만 네 개의 다리는 음악에 따라 뒤섞이고 움직이며 낭만적인 춤을 만들어낸다. 탱고 수업에서 제일 처음 배우는 것은 남자와 여자가 서 있을 때의 간격이다. 물리적인 간격이 아닌 춤이 태생적으로 가지고 있는 남자와 여자의 공간감이다.

자, 남자와 여자가 서로 한손을 잡고 나머지 손으로 여자는 남자의 어깨를 남자는 여자의 허리를 감싼다. 남자는 함부로 여자의 허리를 쥐어서는 안 된다. 허리를 쥐는 순간 탱고의 긴장감이 무너진다. 남자의 가슴과 여자의 가슴 사이에 종이 한 장의 공간이 필요하다. 남자가 조금 뒤로 물러서면 여자는 그만큼 남자에게 다가가야 하고 남자가 여자를 뒤로 밀면 여자는 딱 그만큼만 물러서야 한다. 그 공간은 남자와 여자의 가슴이 맞닿을 때도 적용되고 10센티미터 이상 떨어져도 적용이 된다. 그러니까 남자의 움직임에 따라 너무나 자연스럽게 여자가 따라와야 한다. 하지만 남자와 여자와의 공간이 무너지는 순간 이 춤은 탱고가 아니게 된다. 여자는 눈을 감고서 남자의 이끌림에 몸을 맡기면 너무나 자연스럽게 탱고가 이루어진다. 그래서 탱고는 가장 섹시하고 낭만적인 춤이라고 한다. 탱고는 그 작고 견고한 가슴 사이 공간의 긴장감이 충만한 춤이기 때문이다. 이것은 춤의 원칙이기도 하다.

# #55
## 카리브해

카리브족은 항해술이 뛰어난 전사들이었다.
이 민족은 여러 섬을 돌아다니며
다른 부족과 민족을 습격했다.
카리브족의 관습 중에는 포획한 포로를
잡아먹는 종교의식이 있었다.
그래서 다른 부족은 이들을 '식인'을 뜻하는
카리브족Caribes이라고 불렀다.
스페인 사람들이 아메리카 대륙을 정복할 때
끝까지 항전한 이 카리브족의 이름을 따서
자신들이 도착한 해안의 이름을
카리브해라고 이름 붙였다.

1534년경 스페인의 뱃사람들이 마닐라에 상륙해서 필리핀 왕에게 많은 뇌물을 주고 큰 집을 한 채를 짓고 살아도 되겠냐고 물었다. 왕은 허락했다. 옛 기록대로 말하면 홍모인(붉은 머리카락의 사람들)은 쇠가죽으로 된 집, 즉 텐트를 아주 거대하게 지었다. 왕이 항의를 했지만 약속대로 집 한 채였기 때문에 어쩔 수 없었다. 붉은 머리카락의 사람들은 그 텐트 안에 축성하고 화기로 무장을 단단히 한 후 왕성을 습격하여 왕을 살해하고 백성을 내쫓아냈다. 이렇게 식민지로 만든 땅을 당시 스페인의 펠리프2세에게 바치는 뜻에서 '펠리프의 소유'란 의미의 '펠리피나스Filipinas'인 필리핀으로 이름을 붙였다. 펠리프의 소유. 필리핀.

쿠바를 여행하며 이 작고 평화로운 섬나라가 타인에게 지배당하는 과정에 대해 생각한다. 스페인 사람들 입장에서는 더 거대한 왕국을 위한 정복이었겠지만 정복당하는 입장에서는 치욕과 희생을 견딜 수 없다. 한 가족이 집을 짓고 잘 살고 있는데 옆 동네 깡패가 쳐들어와 집과 땅을 빼앗고 아내를 강간하고 아버지를 죽이고 동생을 노예로 삼아 일을 시킨다면 그리고 가족끼리 사용하는 언어를 금지하고 그 후손들에게 폭력의 정당성을 가르친다면……. 이 세상의 그 어떤 누구도 참지 못할 것이다.

#56

## 필리핀이라는 이름

# #57
# 마탄사

마탄사스를 쿠바인은 '마탄사'라고 발음했다. 나중에 알게 된 일이지만 쿠바인은 단어의 끝에 'S'발음을 먹어버린다. 이 도시는 아바나에서 차로 한 시간 반가량 떨어진 도시다. 역시 해안을 끼고 조성된 도시인데 한인들이 이민 초기에 이 마을로 대거 유입된 한인들의 도시였다. 물론 에네켄Henekin 농장 때문이었다.

그 도시의 가장 높은 건물 꼭대기의 스카이라운지에서 점심을 먹었다. 반대편으론 눈부시게 아름다운 카리브해가 펼쳐졌고 또 다른 반대편으로 사진속의 풍경이 보였다. 시멘트로 지어진 특징 없는 건물들이었다. 포장되지 않은 길이 거미줄처럼 나 있었고 아이들은 모든 것과 상관없이 뛰어놀고 여인은 오후의 태양 아래 천천히 걸었다.

# #58
# 욕망의 에너지

놀랍게도 쿠바에 석유가 난다. 미국의 경제 봉쇄로 석유가 없어 공장들이 돌지 않고 자동차를 굴리기 어렵다고 했지만 쿠바의 땅에서 석유가 났다. 더 많은 양의 석유를 위해 러시아 등의 나라와 원유를 탐사하고 있다고 했다. 이제 이 세계의 시간이 멈출 때가 됐다는 이야기들이 더 많이 들린다. 더 이상 이산화탄소를 배출하는 석유 등의 에너지를 금지해야 하는 시기인데도 이 에너지에 대한 욕망은 곧 우리 삶의 풍요다.

유목민들은 양을 몰고 천막을 친다. 그리고 다른 곳으로 이동을 한다. 그들은 태초부터 쓰레기를 만들지 않았다. 요즘 유목민들은 비닐봉지 한 개 정도의 쓰레기를 이동할 때 내놓는다고 한다. 그 쓰레기는 문명화된 우리 같은 사람들이 주고 간 선물이다.

#59
상상

거대한 그물을 어깨에 들쳐 맨 소년이 허벅지만한 물고기를 자전거 손잡이에 매단 채 맨발로 페달을 밟고 있었다. 젊은 군인들을 가득 화물칸에 태운 트럭이 멈추자 어부 소년도 멈췄다. 길이 좁아 기다란 그물을 맨 채 앞지를 수 없었기 때문이다. 군인들은 누군가를 기다리며 한참 동안 소년과 소년이 잡은 두 마리의 물고기를 바라보았다. 소년은 아무런 표정 없이 묵묵히 뜨거운 지열을 뿜어내는 아스팔트 도로를 바라보았다. 군인들은 당장이지 군복을 벗어버리고 길 건너에 있는 바다로 뛰어들고 싶다는 생각과 함께 그물을 맨 어부 소년처럼 커다란 물고기를 잡아 집으로 돌아가고픈 상상을 하고 있다.

# 60
# 익숙한 좋은날

어른들은 점심식사 후 정원에서 햇빛을 피해 담소를 나눴고 아이들은 문밖으로 손을 잡고 뛰쳐나갔다. 결코 다른 세계의 사람들이 이해할 수 없는 언어로 목소리를 높이며 깔깔 대며 웃거나 이야기했다.

#61
# 상자의 여자

1905년 황성신보에 광고가 났다. 멕시코에서 일할 노동자를 구한다는 광고였다. 천여 명의 사람들이 제물포항의 일 포드IL FORD 호에 몸을 실었다.

한 남자가 자신의 아내를 돈이 많은 중국 남자에게 팔아넘기려고 했다. 아마도 돈이 궁했거나 노름을 해서 빚을 졌거나 돈 많은 중국 남자가 그녀를 사랑했을 것이다. 당시 조선의 남자와 여자는 종속적이었다. 그녀는 남편에게서 도망쳤다. 그녀는 제물포항 근처에 살고 있었는데 아주 우연히 멕시코로 향하는 배를 발견하고 '어떤 남자'에게 자신을 그 배에 태워달라고 부탁했다. 그 남자는 그녀를 자신이 부치는 화물상자에 배가 출발 할 때까지 숨겨주었다. 얼마 동안 그녀가 상자에 숨어 있었는지는 모르지만 일 포드 호는 항구를 벗어나 태평양으로 향했고 '어떤 남자'는 '그녀'를 상자에서 꺼내주었다.

그 후 사람들은 그녀를 '상자의 여자'라고 불렀다.

그녀는 자신을 구해준 남자와 멕시코에 도착했다. 원래의 계약은 4년간 농장에서 일을 한 후 다시 조선으로 돌아가는 것이었다. 그러나 계약은 사기였다. 계약서에 적힌 내용과는 달리 그들은 엄청난 뱃삯을 지불해야 했고 노예처럼 허기진 배를 주리고 살아야 했다. 멕시코 유카탄 반도의 사탕수수 농장과 에네켄 농장에서 노예처럼 일을 했고 자신을 구해준 남자와 사랑에 빠졌다. 그리고 그 남자와 결혼했고 그 둘은 쿠바로 이주했다. 다시 타마울리파스 호를 타고 말이다. 그들은 여섯 명의 아이를 낳았고 그중 세 아이는 어릴 적 죽었다. 그들에겐 딸이 하나 있었고 그녀에게 박영희라는 이름을 주었다. 그녀는 한글을 읽고 쓸 줄 알았으며 아이에게 한글을 가르쳤고 한국음식을 만들어 먹였다. 백 년 전 조선 여자 중 한글을 읽고 쓸 줄 아는 사람은 그리 많지 않았을 것이다. 소문에 의하면 '상자의 여자'를 구해준 남자는 한일합방의 치욕을 견디지 못해 멕시코로 떠났다고 한다. 그는 정치인이었거나 낭만적인 이상을 갖고 있던 남자였을 거라는 추측을 해 본다.

이 이야기를 박영희 할머니가 들려주었다. 그녀의 스페인 이름은 파스토라였다. 주름진 얼굴 곳곳에 미소가 머물러 있었고 우리들의 할머니처럼 나와 눈이 마주치면 웃어주었다. 내가 서 있으면 "편히 앉으세요." 했고, 딸이 그린 물고기가 그려진 문 밖으로 바람이 불면 치마로 앙상한 다리를 감췄다. 그녀의 옆에는 박영희 할머니와 같은 오렌지색 반팔 셔츠를 입은 구십 세의 안토니오가 앉아 있었고 그녀가 바라보는 것을 그가 바라보고 있었고 그의 돋보기 너머에는 지나간 추억이 내리쬐다가 사라지는 햇빛처럼 가득했다.

나는 그녀의 미소와 그녀가 앉아 있던 소파와 벽 뒤의 그림을 잊지 못한다. 박영희는 '상자의 여자'의 딸이었고 박영희의 남편 안토니오는 자신의 장모님이 '상자의 여자'를 지적이며 성실했던 여자라고 기억했다. '상자의 여자'는 중국인 남자에게 팔리지 않기 위해 멕시코행 배를 탔다. 언제나 이야기는 이렇게 시작된다. 주인공을 움직이는 계기가 필요하고 주인공은 그 엄청난 사건을 모면하기 위해 결정을 한다. '상자의 여자'는 내가 쿠바에서 들은 이야기 중 가장 매혹적인 소재 중 하나였다.

# #62
# 시간이 준 인연

당신은 지금 쿠바에서 주목받고 있는 화가를 보고 있다. 알리시아. 그녀의 할머니가 바로 '상자의 여자'다. 백 년 전 중국 남자에게 팔아버리려는 남편에게서 도망쳐 제물포항에서 배를 타고 멕시코로 건너 온 여자. 그 '상자의 여자'의 결정이 지금 알리시아를 만들었다. 아바나의 마리아나에서 태어난 여자아이. 알리시아 드 라 캄파박의 엄마는 박영희라는 이름의 한국 여자였고 아버지는 전차를 몰던 스페인계 백인이었다. 이 쿠바에서 여성을 그리는 화가를 우리와 만나게 했다. 시간과 인연은 놀라운 것이다.

"내 그림이 여성과 관련된 이유는 나와 가장 가깝고 무의식 중에도 있죠. 그렇지만, 남자들에겐 여성을 그리는 것이 평범한 일일지도 몰라요. 남성의 몸으로서 여성의 신체를 대하는 거잖아요. 여자를 사물의 일환으로 보죠. 하지만 여자들에게는 자기 자신을 반영하는 것이에요. 저는 제 자신을 반영하죠. 비록 자화상은 아니지만 그것은 여성의 본질을 다루는 거죠. 여성의 세계는 예전부터 지금까지 내게 무척 흥미로운 것이에요. 내면의 주관성이나 이데아들, 머리와 얼굴 같은 것들이요. 저는 항상 얼굴을 그리는데 특히 눈에 나타나는 표현을 좋아해요. 내가 나타낼 수 있는 한 모든 것을 다 나타내려고 하죠."

알리시아는 한국과 스페인 사이의 혼혈아로, 어머니를 많이 닮았다. 어떻게 보면 그녀는 이상한 존재였다. 쿠바에는 흑인, 쿠바인과 스페인인 사이의 혼혈인, 그리고 아시아인과 흑인 사이의 혼혈인도 많았다. 늘 그렇듯이 이런 사람들은 많은 주목을 받는다. 재미있는 것은 그녀가 다니던 초등학교는 조선민주주의 인민공화국 초등학교였다. 쿠바에서 말이다. 항상 이런 식이었다. 어렸을 때부터 주목을 끌었지만 주위의 안 좋은 시선도 많이 받았다. 그녀가 태어난 곳은 사람들이 모일 때마다 잦은 논쟁이 일어나는 곳이었다. 비문화적이었고 비천하고 가난한 동네였다. 쿠바인들은 그녀와 그녀의 엄마와 그녀의 할머니를 완전한 외국인으로 취급했었다.

"알리시아에게 있어서 어머니란 어떤 존재인가요?"
"나의 어머니는 유아기, 청소년기 등을 아주 복잡하게 지냈어요. 그리고 같이 살던 곁에 있던 사람들도 그녀에게 많은 영향을 끼쳤죠. 할머니, 즉 엄마의 엄마는 요구하는 것도 많고 성격도 매우 강했어요. 그녀의 삶 자체가 그녀를 그렇게 만든 것 아니겠어요? 그리고 이러한 것들이 그녀(엄마)를 좀 내성적인 성향으로 만들고 쿠바에 적응하기 위해서 일도 많이 하고 엄청나게 노력했어요. 그들은 '볼로(에네켄 농장)'라는 커뮤니티 안에서 살았어요. 그것은 한인사회였죠. 그 마탄사라는 동네에서 살다가 다시 이곳으로 와서 쿠바 사람들과 교류를 하려고 하니 무언가 트라우마 같은 것이 생기지 않겠어요? 뭔가 다른 사람들과 자꾸 만나고 일도 하고 생활도 하면서 그러한 성격들이 형성되었겠죠. 하지만, 명백하게 그들은 쿠바 집단에 편입되었어요."
"어머니를 한 문장으로 표현한다면요?"
"어머니는 나에게 있어서 감성이고 인식이자 사랑이며, 인격이에요."

#63
그들이 삶을 풀어낸 공간, 엘 볼로

엘 볼로El Bolo는 처음 한인들이 쿠바에 도착했을 때 또 다시 노예처럼 생활했던 집단 거주지이자 에네켄 농장이었다. 마탄사스에서 자동차로 십 분 거리의 엘 볼로 에는 과거의 흔적은 아무것도 남아 있지 않았다. 오직 말라버린 에네켄과 한인들을 기억하기 위한 기념비가 있었고, 몇 개의 작고 쓰러져가는 집 몇 채와 시간을 기억 하는 나무와 흙이나 바람이 우리를 맞이했다.

더 이상 이 곳엔 에네켄을 키우지 않는다.
석양이 질 무렵이었고 나는 폐허와 같은 작은 마을에 도착했다.
고요했다.
벽돌집 앞에 남매 둘이 카메라를 든 나를 바라보고 있었다.

# #64
## 옛 도로의 소네트

「옛 도로의 소네트」라는 시에서 카르데나스 출신의 시인 이그나시오 페레스 레케나는 한인 노동자들이 하루 일과를 마치고 돌아가는 모습을 담아냈다.

정오 12시에
고된 길을 따라
작열하는 황폐한 대지 위로
노동자 무리들이 돌아온다.
사악한 땅에서
황색 얼굴과 찢어진 눈초리의
단순한 한국인이 돌아온다.

#65
산테리아의 사제

콜럼버스는 아메리카 대륙을 인도로 착각하고 있었다. 콜럼버스와 스페인 점령군들이 쿠바에 도착한 후 그는 신대륙을 발견했다고 스페인 여왕 이사벨라에게 말했다. 그것은 무척 오만한 생각이었다. 쿠바는 발견이 된 것이 아니라 원래 그곳에 있었고 아주 오랫동안 사람들이 문명을 이루고 살고 있었다. 콜럼버스의 1차 항해 후 다시 그들은 총과 성경을 들고 쿠바를 찾았다. 그 후 저항하는 쿠바 섬의 원주민들을 도륙했고 강간했으며, 매독이 창궐했고 전염병이 돌았다. 원주민의 95퍼센트가 목숨을 잃었다. 그래서 그들이 생각해낸 것이 아프리카에서 배로 노예들을 실어 나르는 것이었다. 이유는 일을 시킬 사람들이 다 죽어서였다. 그들은 당시 설탕산업에 매혹되었기 때문에 사탕수수를 심었고 누군가는 그 일을 해야 했다.

아프리카 사람들에게는 그들의 음악과 종교가 있었다. 스페인 사람들은 살아남아 쿠바에 도착한 아프리카 사람들에게 자신의 종교인 가톨릭의 신을 믿을 것을 강요했다. 아프리카 사람들은 가톨릭을 믿는 척 해야 했다. 아프리카 사람들은 예수와 마리아상을 바라보며 자신의 고유한 종교에 있는 신들과 영웅들을 대입시켰다. 아프리카 부족의 종교를 가톨릭에 이입한 쿠바의 종교, 그게 산테리아다.

디모데오는 산테리아의 사제였다. 팔레로Palero라고 불렀다. 쉽게 이야기하면 팔레로는 병을 치료하는 사람이다. 누군가 디모데오에게 찾아와서 어디가 아프다고 말하면 그는 성모 마리아에게 기도를 하고 접신이 되어 마술사처럼 변해 그에게 병을 치료할 수 있는 음식이나 방법을 말해준다.

디모데오는 매일 기도한다. 성모 바르바라상 앞에서 그는 플라스틱으로 만들어진 붉은색 소리가 나는 장난감처럼 생긴 구체인 '마라카스'를 흔든 후 기도한다. 바르바라상 아래에는 아메리카 인디오들의 조각이 있다. 여자 인디언 남자 인디언 그리고 와인 한 잔과 담배와 사과 그리고 점을 치는 차마롱고라고 부르는 코코넛 껍질 조각들이 보였다.

"바르바라 성모여, 성부 성자의 이름으로 당신을 부릅니다. 땅에 내려와 인류에게 평화와 안정을 주시옵소서. 그 안정으로 인류의 비극과 전쟁, 모든 인류에게 안녕을 성부와 성자와 성령의 이름으로 당신의 손을 얹어 주시길. 인류가 평안하고 평화롭게 살도록 도와주시옵소서. 당신이 도와주신다면 대답을 해주십시오."
디모데오는 진심으로 기도했다. 자신의 기억은 점점 희미해져가지만 전 인류의 평화를 위해 기도했다. 그는 산테리아의 사제기 때문이다. 그들은 가뭄이 들었을 때 이 고통을 이겨내기 위해 신에게 기도를 했고 아픈 자를 치료해주었으며 우리들이 어떻게 살아내야 할 지 말해주는 신의 대변인이었다. 디모데오는 무당이었고 병을 치료하는 특별한 능력의 소유자였다. 디모데오의 아버지는 한국 사람이었고, 이곳 쿠바에 백 년 전 일하기 위해서 왔다. 그들보다 먼저 도착한 아프리카의 노예처럼 말이다.

#66
에네켄, 60년 만에 피는 꽃

멕시코를 거쳐 쿠바로 이주한 300여 명의 한인들은 다른 직업을 가질 수 없었다. 설탕산업에 종사해 더 많은 돈을 벌 수 있다는 희망을 가지고 쿠바에 왔지만 불행히도 당시 쿠바의 설탕값이 폭락했고 사탕수수밭의 일자리는 없었다. 한국인들은 손재주가 좋았고 에네켄을 다루는 법을 알았기 때문에 엘 볼로 마을 근처의 에네켄 농장에서 다시 일할 수밖에 없었고 다시 에네켄을 잘랐다.

에네켄은 용설란과에 속하는 선인장이며 단단한 섬유질로 이루어졌기 때문에 그 작물로 밧줄을 만들었다. 배에 쓰이는 단단한 밧줄 말이다. 에네켄의 끝은 쇠로 만든 창처럼 날카로와 스치기만 해도 살이 찢어졌다. 디모데오는 에네켄 농장 두 곳에서 일했다고 회상했다. 새벽부터 오후까지 한 농장에서 그리고 오후부터 밤까지 다른 농장에서. 그들은 잠자는 시간 외에는 일을 했다.

1997년 김호선 감독이 만든 〈애니깽〉이라는 영화를 기억하는가? 그 영화는 멕시코로 이주한 한인들에 관한 영화였다. 나는 그 영화가 멕시코에 사는 한인 갱Gang을 다룬 영화인 줄 알았지만 후에 에네켄을 다르게 부르는 것이라는 것을 알게 되었다. 에네켄이라 부르기도 했고 '애니깽'이라 부르기도 했다.

배를 탈 때 한 번쯤은 꼭 만지게 되는 그 밧줄은 대부분 에네켄 줄기로 만든 것이다. 그 멀고 먼 나라에서 그들이 자르고 말리고 꼬은 땀으로 가득한 선인장. 아마도 다음에 밧줄을 쥘 때에는 에네켄을 떠올리게 될 것 같다.

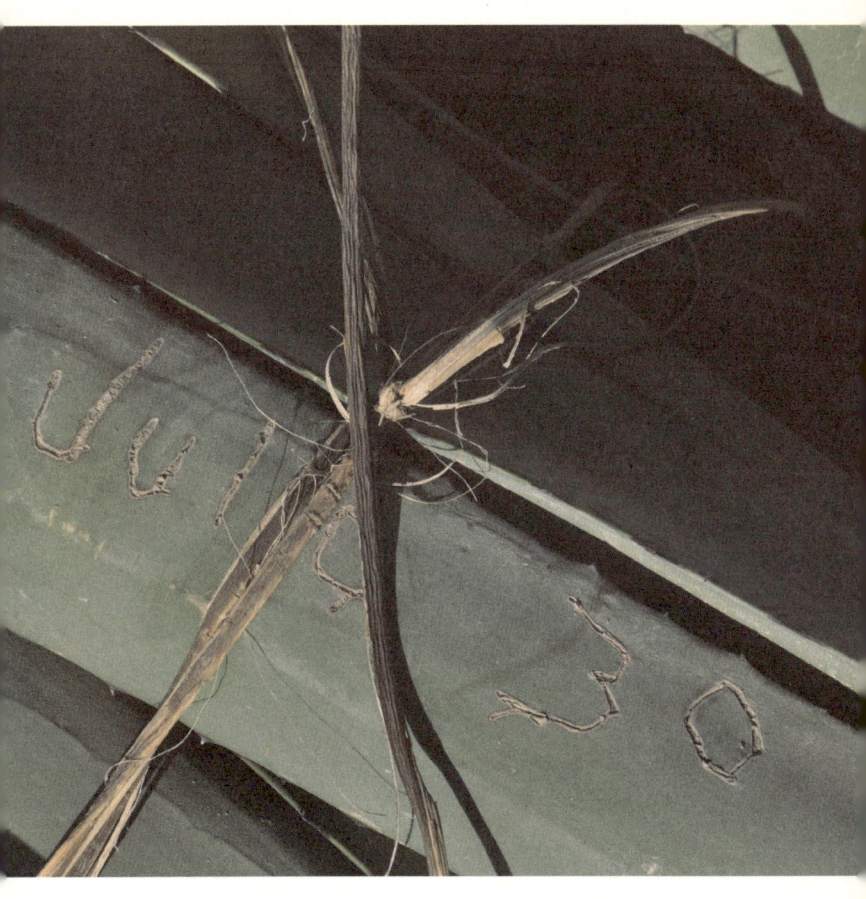

# #67
# 창세기 11장

"첫 부인과 어떻게 만났는지 기억나요?"
"아니."
"기억 안나요? 어떻게 사랑에 빠졌는지?"
"기억 안 나."
"두 번째 부인은? 어떻게 만났어요?"
"기억 안 나."
"그럼 누가 더 못생겼었죠? 할아버지? 아니면 부인?"
"내가…… 내가 더 못났었지……."
"그럼, 자녀 이름은 기억하세요?"
"기억나……. 하지만 조금밖에 기억이 나지 않는다. 가끔은 기억이 나지만 잘 기억 나지 않아……."

그때 디모데오의 사촌인 아델라이다가 그의 기억을 도왔다.

"너무 많은 자식들이 있기 때문에 열여섯의 아이들 이름을 정확하게 모두 기억하지는 못해. 난 첫 번째 결혼식을 기억하지. 자…… 큰딸 디오니시아, 베헤니아라고 불린 피오피, 밀라그로, 후안, 로베르토, 카탈리나, 테테라고 불린 테레사, 9명이 첫 번째 결혼에서 낳은 자녀예요. 네그라(부인별명) 이름이 뭐였죠?"

"비르히니아 알시아?"

"아, 비르히니아 알시아……. 음 이제, 잘 기억이 안 나는데…….."

"죽은 마리 안토니아?"

"마리 안토니아? 음 이제 한 명 남았는데."

"죽은 비르히니아?"

"비르히니아는 이미 했어요. 한 명 남았는데……."

"다른 아내의 자식 중에도 밀라그로가 있었는데, 서로 다른 여자의 자식이었지만 둘 다 그의 아이예요. 이름이 같아요. 밀라그로. 밀라그로는 야노 로호Llano Rojo 지역에 살죠. 그곳에 당신 자녀 5명이 살고 있죠?"

"3명이 살아."

"아르도, 로베르토, 후안, 밀라그로가 있죠. 두 번째 결혼에서는 마리 아세리아, 시타, 테레사, 첫 번째 결혼에서도 테레사가 있었죠. 그리고 다른 밀라그로, 인드라."

# #68
# 바실롱 Vasilón, 세실리오

그는 음악가다. 어린 시절 형에게 처음 기타를 배웠고 'Los Coreanos'라는 한국인이 주축이 된 밴드의 일원이었고 네 명의 여자와 결혼한 남자. 나는 바라데로의 레스토랑에서 세실리오를 만났다. 세실리오는 자신의 밴드 친구 두 명과 함께 나타났다. 삼인조 밴드였다. 세실리오는 기타를 치며 함께 노래했고 나는 그의 음악을 녹음했다.

Vacilón, qué rico vacilón,
나쁜 남자, 나쁜 남자는 얼마나 매력적인가!
cha cha chá, qué rico cha cha chá.
차차차, 차차차는 얼마나 매력적인가!
Vacilón, qué rico vacilón,
cha cha chá, qué rico cha cha chá.

A la prieta hay que darle cariño
혼혈아에겐 애정을 줘야 한다
a la china tremendo apretón,
중국 여자에게는 터프하게 대해야 한다.
a la rubia hay que darle un besito
금발에게는 뽀뽀해줘야 한다.
pero todas gozan, del vacilón.
어쨌든 모든 여자들은 나쁜 남자와 즐긴다.

Vacilón, qué rico vacilón,
cha cha chá, qué rico cha cha chá.
Vacilón, qué rico vacilón,
cha cha chá, qué rico cha cha chá.

Unas sueñan con capa de armiño
어떤 여자들은 족제비코트를 꿈꾸고
otras quieren un televisor
어떤 여자들은 티비를 원하고
hay algunas que quieren castillo
어떤 이들은 궁전을 원한다.
pero todas gozan del vacilón.
하지만 모두들 나쁜남자와 즐긴다.

Vacilón, qué rico vacilón,
cha cha chá, qué rico cha cha chá.
Vacilón, qué rico vacilón,
cha cha chá, qué rico cha cha chá.

Unas tienen la cara bonita
어떤 여자들은 얼굴이 예쁘고
otras tienen nariz de ratón
어떤 애들은 높은 코를 가졌고
las hay gordas, también delgaditas,
뚱뚱한 애들도 있고 날씬한 애들도 있다.
pero todas gozan del vacilón.
하지만 모두들 나쁜 남자와 즐긴다.

# #69
## 빨간 리본을 단 쥐

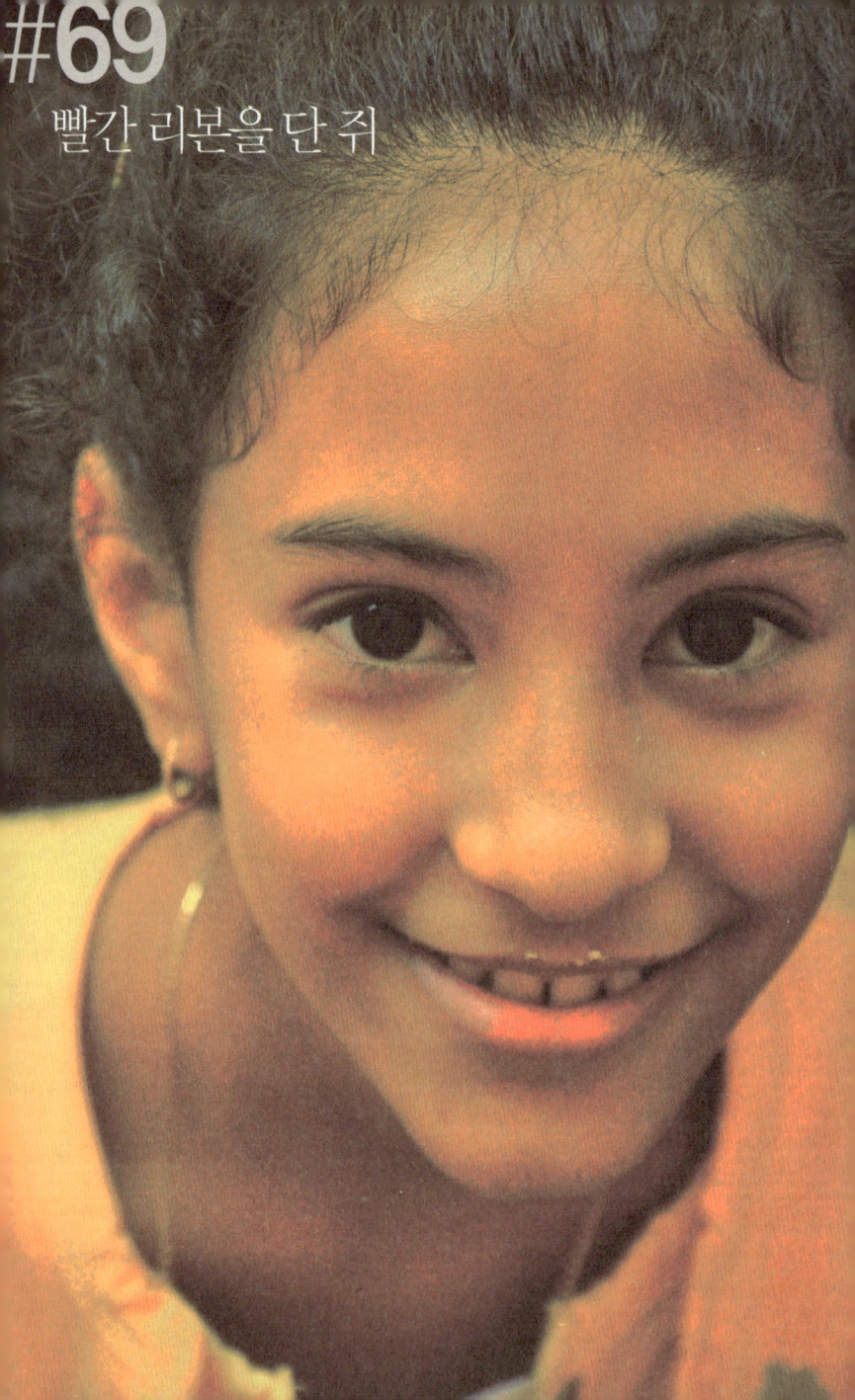

어떤 쥐가 가다가 동전을 주웠다.
'이 동전으로 뭘 사지?'
사탕을 사려 했지만 이빨이 상할 것 같아 고민하다가 대신 빨간 리본을 샀다. 꼬리에 빨간 리본을 단 쥐 집 앞에서 놀고 있었는데 어떤 개가 다가와 말했다.
"넌 참 예쁘구나. 나와 결혼할래?"
쥐는 청혼을 하는 개에게 물었다.
"밤에는 뭐 할 거야?"
"멍멍!"
"그럼 내가 놀래서 안 돼."
쥐는 청혼을 거절했다. 다음에 닭이 쥐의 곁을 지나가다가 말했다.
"넌 참 예쁘구나. 나와 결혼해 줄래?"
"그럼 밤에 뭐 할 거야?"
"꼬꼬!"
"그럼 내가 놀래서 안 돼."
고양이도 그랬다. 마지막으로 빨간 리본을 꼬리에 묶은 쥐가 쥐에게 "뭐 할 거야?"라고 물었다.
"먹고 자고 먹고 자고."
그래서 빨간 리본을 한 쥐는 쥐와 결혼하기로 했다.

이달리스에게 재미있는 이야기를 해달라고 했다. 그 아이는 검은 눈동자를 깜박거리다가 내게 자신이 알고 있는 가장 재미있는 이야기를 해주었다. 그 이야기가 바로 꼬리에 리본을 단 쥐가 자기의 짝을 찾는 이야기였다. 나는 이달리스에게 물었다.
"그게 무엇에 관한 이야기니?"
이달리스는 대답했다.
"결국 자기 짝이 있다는 이야기에요."
쥐는 결국 자기 짝인 쥐를 찾는다.

# #70
## 어느 소녀의 일상

아홉 살의 이달리스는 한인들의 밀집 지역인 카르데나스에 살고 있었다. 이달리스에게 일상을 물었고 이달리스는 한참을 생각하다가 차근차근 대답했다.

나는 일어나서 할아버지를 깨운다. 그러고 나서 슬리퍼를 신고 화장실로 가면 우리 할머니가 나를 씻겨준다. 옷을 입고 운동화를 신는다. 아침에 만화를 보고 학교에 간다. 할머니가 머리를 빗겨주시고, 우유 한 잔 마시고 학교에 간다. 학교에 가서 문제집 풀고 조회를 한다. 우리는 간식을 먹는다. 그리고 교실로 가서 스페인어와 산수를 배우면 점심시간이 된다. 점심을 먹고 수업이 계속 있다. 수업이 끝나기 전에 숙제를 내주신다. 그리고 집에 와서 만화를 본다. 만화와 드라마가 끝나면 숙제를 한다. 그리고 목욕을 한다. 그리고 또 만화를 본다. 그리고 저녁을 먹고 잔다.

아이의 일상을 더 이상 어떻게 표현할 수 있을 것인가. 이달리스의 증조할아버지는 한국 사람이었고 그의 딸은 딸을 낳았고 그 딸은 물라토와 결혼했다. 그게 이달리스다. 이달리스는 쿠바 아이였다. 한국의 피가 조금 섞여 있었지만 그 아이는 쿠바 아이였다. 일주일에 한 번 방과 후에는 동네의 춤 선생에게 차차차를 배우고 있었다. 그녀 아버지의 피부를 닮은 쿠바의 아이는 아이스크림을 좋아했고 여느 쿠바의 아이들처럼 빛나는 미소가 있었다.

쿠바라는 나라와 쿠바의 인종을 규정하는 것은 불가능하다. 아프리카와 스페인의 근원과 함께 아시아적인 것도 섞인 것 거기다가 아랍적인 것, 카리브해안 적인 것, 멕시코적인 것 거기다가 미국이 쿠바를 점령했던 시대에서부터 남아 있는 미국적인 것까지 혼합된 것이 쿠바다. 그래서 쿠바란 것은 한 과정으로 보자면, 신체적인 것은 단순히 규정할 수 있지만 그 외적인 것은 아주 복잡하고 아름다운 일련의 과정이라고 할 수 있다. 쿠바에는 다양한 단계의 메스티소(혼혈)들이 있다. 그래서 이것은 물라토, 이것은 카피로, 이것은 백인, 이것은 중국인, 이것은 흑인과의 혼합인종 등 다양한 인종들이 있다. 쿠바에서 원주민 이후에 첫 번째 등장한 새로운 인종은 스페인인과 아프리카인의 혼혈이었고 그 이후에는 다양한 종과 혼혈이 나타났다. 이를 아히아코라고 부른다. 아히아코란 고기를 비롯한 갖가지 재료를 넣고 요리를 하는 커다란 통이다.

1868년 독립전쟁 이후에 노예들은 자유를 얻었는데, 그 전쟁에는 아주 많은 아시아인들도 참가를 했다. 왜냐하면 쿠바에 오는 사람들은 스페인에서 오기도 하고 노예기도 하고 아시아인이기도 하기 때문에 그 혼합된 인종이 전쟁 때 같이 싸웠다. 쿠바는 아주 큰 인종이 섞인 나라다. 그래서 쿠바에는 다양한 색깔의 인종과 형태 그리고 종교를 표현하는 방식이 있다.

이달리스는 그런 민족과 다른 인종의 혼합체인 아이하코의 가장 새로운 결과였다. 이달리스가 해준 쥐 이야기는 내게 무척 역설적으로 들렸지만 사람에게는 자기의 짝이 있다. 쥐는 말했다. 먹고 자고 먹고 자고. 이달리스는 학교에 가서 공부하고 만화를 보고 춤을 춘다.

# #71

## 언덕으로 이루어진 거리

마탄사스는 언덕으로 이루어진 거리다. 오르기엔 땀이 흐르고 내려가기엔 태양이 너무 뜨겁다. 한가로운 거리의 그늘 속에서 해가 지는 것을 기다리는 사람들이 있었다.

# #72
디아나의 별

한국계 발레리나가 있었다. 그녀는 마탄사스라는 지방 출신으로 남미에서 가장 유명한 쿠바 국립 발레학교를 졸업했고 러시아 볼쇼이 발레단과 함께 세계 최고 수준의 공연을 하는 국립 발레단에서 6개월간 연수했지만 정식 단원이 될 수 없었다. 이유는 작은 키 때문이었다. 그녀는 한때 절망했지만 발레를 출 수 있는 곳은 국립 발레단을 제외하면 외국인을 위한 호텔에서 공연하는 길밖에 없었다. 그렇지 않으면 쿠바가 아닌 다른 나라에서 춤을 추어야 한다. 그녀는 바라데로 해안에 위치한 특급호텔에 소속된 극장에서 공연을 했다. 그러나 발레 공연은 아니었다. 쇼와 발레를 접목한 공연이었다.

나는 슬펐다. 쿠바의 사회주의가 외쳤던 제국주의로부터의 독립이 결국은 다시 원점으로 돌아왔다는 생각 때문이었다. 쿠바의 주 수입은 관광산업이다. 그중에서도 유럽의 자본으로 지어진 초특급호텔에서 달러를 벌지 않으면 쿠바는 살아갈 수가 없다. 유럽인들이 즐기기 위한 호텔 공연은 완벽한 발레 공연이 아니었다. 남미의 특징을 살린 무용과 카바레 같은 쇼가 결합한 관광객을 위한 공연이었기 때문이다. 하지만 그 와중에서도 디아나는 미소를 잃지 않았다. 비록 '백조의 호수'도 '지젤'도 아니었지만 그녀는 매일매일 춤을 출 수 있다는 것에 기쁨을 느끼고 있었다. 그녀는 모든 사람에게는 자신만의 '별'이 있다고 했다. 자신의 별은 춤을 추는 것이었고 그 별을 가슴에 품고 살고 있다고 말했다.

"삶의 방향이 바뀌었지만 난 만족해요. 국립 발레단은 아니지만, 어쨌든 난 아직도 클래식 발레를 추고 있기 때문이죠. 아마도 나는 국립 발레단에 남은 것보다 지금 여기에 있기에 클래식 발레를 더 많이 출 수 있는 것 같아요. 그렇기 때문에 내가 가고 있는 삶의 방향에 난 만족합니다. 전 누구나 자신을 이끌어주는 별을 갖고 있다고 생각해요. 그렇지만 그 별이 국립 발레단에 있지 않았어요."
"디아나, 그럼, 당신의 별은 무엇입니까?"
"나의 별은 클래식 발레를 추는 것입니다. 난 그것이 정말 좋아요. 난 절대 멈추지 않을 거예요."

그녀는 내가 만난 가장 아름다운 발레리나였다.
디아나에게 바라데로 해안에서 춤을 춰주길 부탁했고
그녀는 연일 계속되는 공연과 연습에도 밝게 웃으며
자신의 동료와 살사를 췄고
해가 지던 그 잊을 수 없는 풍경의 바다에서
발레의 동작을 보여주었다.

# #73
## 발레리나

발레리나 디아나를 만나기 위해 마탄사스의 예술전문학교를 찾아갔다. 디아나는 이 학교에서 비정기적으로 아이들을 가르치고 있었다. 나는 학교에 도착해 연습실을 둘러보았다. 아직 수업 전이었고 아이들이 검은색 발레 연습복을 입고 막 발레 슈즈를 신으며 몸을 풀고 있었다. 그들은 마치 바람에 흔들리는 검고 흰 들꽃처럼 재잘대며 웃고 있었다.

발레리나와 발레리노를 꿈꾸는 아이들. 발레 연습실의 마룻바닥은 낡아서 군데군데 패여 있었고 벽의 칠은 벗겨져 있었지만 아이들에겐 그런 건 중요하지 않아 보였다. 아침 햇살이 창틈으로 조각조각 들이쳤다. 아직 음악이 없었지만 아이들은 구멍 난 나무 바닥을 피하며 몸을 구르며 선생님을 기다렸다.

연습실 양옆에 붙은 거울 속에 꽃 같은 아이들이 자신의 미래를 춤춰본다.
발끝을 세웠다가 도약하고,
발을 구르고,
회전하고,
웃어 보인다.

# #74
## 우주의 비밀

에드워드 양 감독의 〈하나 그리고 둘〉이라는 영화에서 한 아이가 카메라로 사람들의 뒷모습만을 찍는다. 아버지가 묻는다.
"넌 왜 항상 뒷모습만 찍니?"
아이가 대답한다.
"사람들이 자신의 뒷모습을 볼 수가 없잖아요"

나 역시 뒷모습 찍기를 좋아한다. 무한한 긴장과 호기심을 주기 때문이다. 발레리나를 꿈꾸는 소녀들이 연습실에서 몸을 풀고 있었다. 사람의 몸에 우주의 비밀이 숨겨져 있다. 태어나서 소년과 소녀의 시기를 거쳐 청년이 되고 아이를 낳고 일을 하고 늙어 아이를 바라본다.

# #75
## 부에나 비스타 소셜 클럽

아바네라, 차차차, 맘보, 살사, 손Son, 룸바, 구아히라, 구아라차, 파창가.
이 모든 것은 쿠바에서 시작되었다. 이것은 쿠바의 음악이며 쿠바 음악의 일부다. 18세기 말, 전 세계적으로 아바네라는 라틴 음악이 붐을 일으켰다. 세바스티안 이라디에르의 '라 팔로마'는 아바네라의 리듬을 사용하여 작곡했다. 알모도바르의 〈그녀에게Talk to her〉에 나오는 카테나 벨로소가 '라 팔로마'를 부르는 것을 기억하는가? 영화도 좋았지만 남자 주인공이 벨로소가 부르는 음악에 눈물을 흘릴 때 나도 눈물을 흘렸다. 아무 이유가 없이 그저 그 음악에 매료되었기 때문이다. 부에나 비스타 소셜 클럽으로 더 잘 알려진 쿠바 음악은 이미 18세기에 전 세계를 매료시켰다. 그것은 댄스의 리듬 때문이었다. 그 리듬을 이해하기 위해서는 쿠바의 역사를 조금 더 알아야 한다.

1492년 콜럼버스가 쿠바에 왔을 때 두 개의 큰 부족 원주민이 살고 있었다. 그들 중 95퍼센트가 전염병과 집단자살과 학살로 죽자 아프리카에서 10만 명 정도의 노예를 싣고 왔다. 아프리카 사람들은 자신만의 음악과 리듬이 있었다. 시간은 흘렀고 원주민과 스페인 점령군들 간의 혼혈, 아프리카인들과 백인들 간의 혼혈, 18세기에 대거 이주한 중국인들 간의 혼혈로 새로운 민족이 생겼다. 그 모든 것의 혼합이 바로 '손Son'이다. 룸바는 흑인 문화공동체인 요룸바의 종교의식인 산테리아의 음악이 세속화된 전형적인 흑인 음악이다. 우리가 룸바하면 떠올리는 음악과는 전혀 다른 종류의 것이다. 이 모든 음악적인 재능은 세계의 춤을 바꾸어 놓았지만 사회주의 이후 세계와의 교류가 줄어든 그들은 아랑곳하지 않고 거리에서 노래하고 춤춘다.

# #76
## 관타나메라

관타나메라 과히라 관타나메라
관타나메라 과히라 관타나메라

관타나모의 농사짓는 아낙네여
나는 종려나무 고장에서 자라난 순박하고 성실한 사람이랍니다.
내가 죽기 전에 내 영혼의 시를 여기에
사랑하는 사람들에게 바치고 싶습니다.
내 시 구절들은 연둣빛이지만,
늘 정열에 활활 타고 있는 진홍색이랍니다.

관타나메라 과히라 관타나메라
관타나메라 과히라 관타나메라

나의 시는 상처를 입고 산에서 은신처를 찾는 새끼 사슴과 같습니다.
이 땅의 가난한 사람들과 더불어 나는 시를 뿌리고 싶습니다.
바다보다 산 속의 시냇물과 함께 하겠습니다.

호세 마르티의 시에 가사를 붙인 쿠바의 가장 유명한 노래다.
이 낭만적인 리듬에 맞춰 몸을 흔들면 입은 웃고 있는데
코끝이 저려오고 눈은 촉촉하게 젖어온다.
마치 우리의 아리랑처럼.

# #77
## 가난한 사람들

가장 가난한 가족을 만났다. 몇 개의 감자가 뒹굴고 화장실 문은 거적으로 가려놓았다. 카르데나스 외곽의 허름한 집들이었다. 쿠바에도 가난한 사람들이 있다. 사회주의에는 가난한 사람도 부자도 없어야 하는게 맞지만 현실은 그렇지 않다. 이런 허물어져 가는 흙집에서 다섯 식구가 아무렇지 않게 생활하는 것을 즐길 수는 없는 것이다. 모기장 하나 없이 슬레이트 벽돌로 대충 바람과 비를 막는 곳은 아늑하다 말할 수 있겠지만 가난하다는 것은 정리될 수 없다는 뜻이기도 하다.

그녀는 나와 거리를 두며 고양이처럼 아주 조용히 내 주위를 맴돌며 내가 사진 찍고 있는 것을 구경했다. 그리고 세간살이가 전혀 없는데도 어디선가 자신의 사진첩을 가지고 와서 나에게 보여주었다. 그녀의 상반신이 노출된 세미누드였다. 나는 그녀가 왜 이런 사진을 찍었는지, 누가 찍었는지 묻지 않았다. 조악한 사진속 여자아이는 웃고 있었고 화장을 하고 있었다. 나는 그 사진을 보는 것이 조금 불편했다. 하지만 그 사진은 그녀의 진심이 담긴 순간이었다고 나는 믿는다. 이 구질구질한 상황에서 벗어나는 것은 육체를 보여주며 사진을 찍는 것일지도 모른다.

나도 그녀와 그녀의 가족에 관한 사진을 찍기로 했다. 칠이 벗겨진 연두색 문 앞에 한 명씩 세운 후 카메라를 똑바로 쳐다보라고 부탁했고 셔터를 눌렀다. 아이들은 당당하게 나를 노려보았다. 그의 동생은 환하게 웃어보였다. 하지만 아이들의 미소 속에는 우울함과 불안이 느껴졌다.

# #78
# 사랑의 편지 A Love Letter

청년시절 마탄사스의 한 신문사에서 기자로 일했으며 바티스타 군부 독재와 맞서 지하운동을 했고, 피델 카스트로와 아바나 법대 동기였으며, 쿠바 혁명 성공 후 산업부장관이었던 체 게바라와 함께 기관장으로 임명되었던 한국인. 그의 이름은 헤로니모 임이었다. 그러나 헤로니모 임이 이룬 쿠바혁명의 업적보다 헤로니모 임과 그의 아내 크리스티나의 사랑에 관한 이야기가 더 궁금했다. 그래서 그들의 사랑에 관한 이야기를 물어보았다. 그리고 혹시 헤로니모 임이 그녀에게 쓴 편지들이 있냐고 물었고 그녀는 부끄러운 듯 웃다가 낡은 서랍에서 편지들을 꺼내었다. 헤로니모 임은 크리스마스 한인 파티에서 한 여자를 만난다. 그녀의 이름은 크리스티나였고 1945년 크리스마스였다. 3년 전에 작고한 헤로니모 임과 81세의 크리스티나가 얼마나 사랑했는지 느낄 수 있었다.

"그날 저는 그 곳에서 나왔고 일주일 후에 그의 편지를 받았죠. 그 편지는 제가 아직도 간직하고 있는 그의 첫 번째 편지에요. 최근엔 편지를 잘 읽지 않아요. 너무 슬프죠. 눈물이 나거든요. 지금도 눈물이 나려고 해요……. 그가 떠난 지 3년밖에 안 됐어요. 그가 세상을 떠난 이후로 단 하루도 그를 잊어본 적이 없어요……."

그리고 그녀는 편지를 읽어주었다.

아주 매력적인 아가씨께.

당신의 손에 허락 없이 이 편지가 도착할 때, 나를 용서하길 바랍니다. 당신을 귀찮게 하는 것은 제 의도가 아니기 때문이에요. 어쩌면 저 역시 이 편지를 쓰는 이유를 설명할 수 없을지 몰라요. 하지만 이 열망을 자제할 수 없기에 이 글을 통해 제 진심을 전하고 싶어요. 그날 이후, 저는 이곳에서 많은 생각을 해보았어요. 하지만 그건 내 진심을 밝혀주는 빛의 발견때문만은 아니에요. 아마 당신에게서 위로를 받기 위해선지도 몰라요. 이 글을 통해서라도 당신께 다가가는 영광을 가질 만한 동기가 필요했어요.

이제 당신에 대해서 말해보려 합니다. 물론 당신의 허락 하에서요. 이 글로 제 간절한 진심이 모두 전달될 수는 없기에 그저 당신께 인사하러 다가갔던 그 순간만을 되새길 뿐입니다. 당신을 본 지 많은 시간이 흘러서 바로 그대를 알아볼 수 없었어요. 하지만 그 우정의 달콤함을 맛 본 후 저는 행복을 경험했습니다. 절 믿어주세요. 당신은 나에게 어둡고 흐린 밤이 지나간 후 밝게 떠오르는 한 줄기 아름다움입니다. 당신의 말투와 상냥한 성격, 그 눈길은 절 지독히도 행복하게 만들어 주었고, 그대와 진실한 우정을 나누지 못한다는 것이 절 시들게 만들죠. 그대가 이 글을 어떻게 받아들일지 모르겠지만 모든 것은 진심이에요. 그렇지만 아무 예의 없이 그 감미로운 우정을 설명하려 했다는 생각은 말길 부탁해요. 자신감 없던 지난날로 인해 저를 책망하지도 마세요. 저를 용서하길 바랍니다. 하지만 이미 말했듯, 이건 진심입니다. 당신께 글을 쓸 기회를 준다면, 전 그 순간만을 기다리겠습니다.

당신께 폐를 끼쳤군요. 당신을 그토록 사랑하고 당신을 잊지 못하는 이의 진실한 사랑과 애정을 받아주세요.

헤로니모 임

그녀는 편지를 읽은 후 먹먹한 목소리로 헤로니모에 관한 그리움을 말했다.

"나는 감당하지 못할 외로움에 잠겨 있어요. 내 딸도 자식이 있고 아직 젊죠. 여기 저기 다니기도 하고요. 하지만 전 아무것도 하고 싶지 않아요. 헤로니모가 작고한 이후엔 모든 것이 멈췄어요. 마치 삶이 멈춘 것만 같죠. 저는 이제 가망이 없어요. 그저 여행을 떠나려 짐을 싸는 한 인간에 불과해요. 전 너무 너무 외로워요. 나에게 남긴 공허함은 그 누구도 없앨 수 없죠……. 무엇보다도 그는 제 첫사랑이었고 동반자이며 정말 자랑스러운 제 아이들의 아버지였죠. 그는 일을 함에 있어서 정말 착실한 사람임에도 집에 밤늦게 들어와 아침 일찍 나가 아이들을 볼 새도 없었죠. 저에게 그는 제 남편이자, 연인, 애인, 제 전부였어요. 우리는 정말 사랑에 빠져서 결혼했고 전 아직도 그를 많이 사랑하고 있어요."

# #79
# 시간이 죽지 않는 삶

내 사랑 치니타.
오늘 특별한 감정을 가지고 그대를 산책에 초대한다오.

상상의 여행으로.
달력을 보지 말고 걷고 구르고 날아서 한국까지 가려하오.

아무도 우리를 보지 못하도록.
만리장성을 넘어서 사랑이라는 이름의 광산에 닿을 때까지.

무엇이 더 아름다울 수 있을까. 전능하신 하느님의 창조물보다.
내가 당신을 사랑하듯이 당신도 날 사랑하니.

우리가 밝힌 사랑의 불꽃은 백만 불의 가치를 가진다오.
아니 돈으로는 안 되지. 사랑만이 가늠할 수 있는 거라오.

당신에게 키스와 포옹과 애정을 인생이 다할 때 까지 바치오.
이 축복받은 파티에 동양인이 우릴 초대했소.

시간이 죽지 않는 삶은 멋진 것이라오.

항상 문이 있기에.
사랑만이 채울 수 있는 문이 있기에.

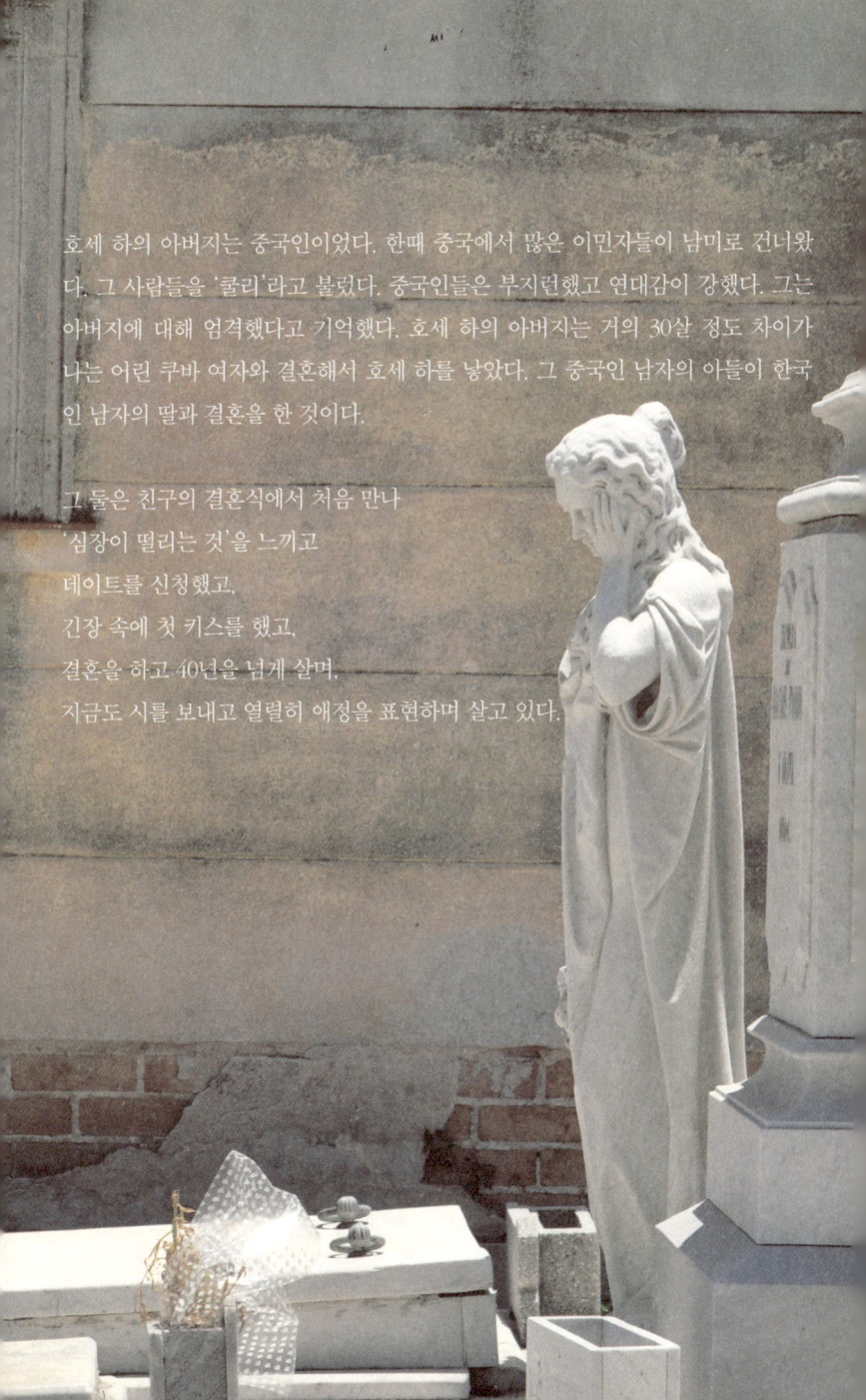

호세 하의 아버지는 중국인이었다. 한때 중국에서 많은 이민자들이 남미로 건너왔다. 그 사람들을 '쿨리'라고 불렀다. 중국인들은 부지런했고 연대감이 강했다. 그는 아버지에 대해 엄격했다고 기억했다. 호세 하의 아버지는 거의 30살 정도 차이가 나는 어린 쿠바 여자와 결혼해서 호세 하를 낳았다. 그 중국인 남자의 아들이 한국인 남자의 딸과 결혼을 한 것이다.

그 둘은 친구의 결혼식에서 처음 만나
'심장이 떨리는 것'을 느끼고
데이트를 신청했고,
긴장 속에 첫 키스를 했고,
결혼을 하고 40년을 넘게 살며,
지금도 시를 보내고 열렬히 애정을 표현하며 살고 있다.

시간이 죽지 않는 삶.

천 명의 사람들이 제물포항에서 배를 타고 멕시코에 도착했다. 많은 돈을 벌어 4년 후 조국으로 돌아갈 수 있다는 꿈이 있었다.

천 명의 사람들.
천 개의 사랑.
천 개의 불안.
하나의 희망.
다시 돌아갈 수 있다는 단 하나의 희망.

계약은 사기였다.
그들은 멕시코 유카탄 반도의 에네켄 농장에서 노예처럼 살아남기 위해 일을 했고 아이들을 낳았다. 그리고 16년이 흘렀다. 그들 중 300명이 양에게 먹일 물을 찾기 위해 유목민처럼 다시 쿠바로 밀항해 왔지만 지상 낙원 바라데로 해안의 바로 옆 에네켄 농장에서 다시 일을 했다. 그들은 다시 조국으로 돌아갈 수 없었다. 돌아갈 돈이 없었고 살아남는 것도 쉽지 않았다. 처음 이 땅 쿠바에 도착한 사람들은 그렇게 조국이 아닌 쿠바의 땅에 묻혔다.
그 첫 번째 세대는 조국과 사랑하는 사람들을 그리워했다. 그 그리움은 아이를 낳게 했고 그 아이들은 쿠바에서 지금 우리처럼 살아간다. 우리처럼. 그러나 조금은 더 많은 사랑의 표현을 하면서 편지를 보내고 시를 쓰며 어머니에게 아버지에게 아들과 딸에게 그리고 연인에게 사랑한다, 그리워한다, 그들은 말한다.

'시간이 죽지 않는 삶은 멋진 것이다.'

# #80
시간의 춤 Dance of Time

디아나가 마탄사스 발레학교 학생들을 위해 간단한 안무를 짠 것을 나에게 보여주었다. 나는 편집 중에 그 안무에 쓰인 음악을 찾았다. 그 곡은 당신도 한 번 쯤 들어본 적이 있는 음악이었다. 그 춤곡의 제목이 바로 폰키엘리Ponchielli의 '시간의 춤 The dance of the hour'였다. 이탈리아 작곡가인 폰키엘리는 아침에서 오후를 거쳐 밤까지의 시간을, 무용수들의 춤을 통해 음악으로 표현했다. 나는 그 제목이 좋았다. 하지만 내가 만난 쿠바 한인들의 시간을, 시각Hour이 아닌 좀 더 긴 시간Time 혹은 세월의 개념으로 생각했다. 그들은 길다면 긴 시간 속에서 그들의 희망과 불안과 사랑과 그리움을 춤처럼 살아왔다. 때론 슬프게 때론 기쁘게 말이다.

쿠바는 현대의 모든 춤의 리듬을 창조한 나라며 민족이다. 쿠바에서 음악과 춤은 원주민들과 스페인 점령 시기를 거쳐 아프리카 노예들이 대륙을 옮겨온, 그들의 역사를 반영하는 것이다. 우리나라에는 그 비슷한 단어인 '한'이 있다. 그들에게는 그 한이 바로 춤이다. 그리고 그 춤은 시간 속에 있었다.

# #81
# Soy Cubana!

음악이 흔들린다. 여자가 웃는다. 봉고 리듬이 심장을 때리면 여인의 허리가 진동을 느끼고 어깨가 들썩인다. 살사, 차차차, 맘보, 룸바, 손. 어떤 음악이던 상관없다. 태양이 식어가고 바닷가의 식당과 바에 불이 하나둘 켜지면 음악소리가 더 크게 들린다. 바다의 무대가 끝나고 춤의 무대가 시작된다. 쿠바의 여인들이 옷을 갈아입고 창밖을 바라보며 오늘의 낭만을 기다린다.

# #82
## 가장 소중하고 행복한 순간

내가 물었다. 살면서 가장 행복한 순간이 언제였냐고.
90세의 현자는 대답했다.
"내가 비밀을 하나 말해줄게. 내가 가장 행복했던 순간은
내가 여러분들과 함께 있는 바로 이 순간."
"이 순간이요?"
"그래, 지금 이 순간."

나는 떠나 있는데 어딘가로 또 떠나고 싶다. 계속해서 찍고 싶은 이미지가 있었다. 그것은 오토바이였다. 해안과 오토바이, 무덤과 오토바이, 자전거. 나는 이미 먼 곳으로 떠나와 있는데 또 어딘가로 떠나고 싶다.

# #83
## 슬픈 열대

나는 여행이 끝날 무렵 차에서 추초 발데스Chucho Valdes의 〈디스탄시아(거리)〉를 들으며 표현 그대로 눈이 시린 강렬한 태양 아래 빛나는 흰색 모래와 가장 투명한 색의 바다를 보았고 야자수 가득한 평야와 이름 모를 거대한 나무로 이루어진 숲을 보았다. 그때 내 머릿속에서 떠올랐던 단어가 '슬픈 열대'였다.
그건 어쩌면 여행 중에 느꼈던 무의식과 현실들이 뒤섞여 있다가 구워진 한 개의 도넛 같은 형체의 단어였다.

슬픈 열대. 태어나서 처음으로 본 태양의 온기. 카리브해의 향기를 문 채 목과 손을 스치는 바람의 냄새. 선글라스 너머 펼쳐진 정글의 형체들. 아름답고 신비했다. 이 자연의 경이로움 곳곳에 슬픈 역사가 배어 있었다.

# #84
## 만약 우리가 서로 사랑한다면

다시 아바나로 돌아왔다. 지친 표정으로 해가 지는 풍경을 보았다. 곧 쿠바를 떠난다는 생각에 아쉬움과 피로가 몰려왔다. 지금은 기억이 나질 않는 어떤 곳에서 담배를 한 대 피우며 멍하게 서성였다. 해가 지는 노을에 이끌려서다. 그곳은 배를 묶어두는 곳이라고 했다. 그리고 젊은 폭주족들이 새벽에 관리인에게 뇌물을 주고 맘껏 경주를 하는 곳이라고도 했다. 나는 이 깊고 푸른빛과 뜨겁고 아련한 노을 사이에서 아주 천천히 담배를 피우며 내일이면 이제 이 아름답고 또 아름다운 쿠바를 떠난다는 생각에 슬픔을 느꼈다. 나는 이 쿠바의 색을 영원히 기억하고 싶었다.


그렇게 천 년이 흐른 뒤
더 많은 국가가 생겨나고
민족이 사라지거나 혼합될 것이다.
그것은 그리 중요하지 않을지 모른다.
그들은 조금 먼 곳에서
기적처럼 자신의 시간을 살고 있고 있었다.

만약 우리가 서로 사랑한다면
우리들의 시간은 죽지 않는다.

여기 쿠바의 아이들이 춤을 춘다.
시간의 춤을 춘다.

# 에필로그

내가 가장 좋아하는 가수 중 하나는 아르헨티나의 위대한 음악가인 메르세데스 소사Mercedes Sosa다. 그녀는 2009년 10월 4일, 74세의 나이로 이 세상과 작별했다. 아르헨티나의 군부독재에 항거하며 민중을 위한 노래를 불렀고 숱한 고통을 받았으며, 1979년 영구추방을 선고받아 자신의 조국을 떠나 망명생활을 했다. 독재가 끝나고 그녀가 다시 고향에 돌아와 공연 중에 이 노래를 부른 앨범이 있다. 그녀는 노래의 마지막 부분에 그녀의 삶과 아르헨티나의 지난 시간을 회상하며 울먹인다. 핍박과 환란 속에서 마침내 피어난 한 송이 꽃의 기적 속에서 그녀는 '삶에 감사합니다Gracias a la vida'라고 노래한다. 만약 당신이 그녀의 〈Gracias a la vida〉라는 노래를 몰랐다면 꼭 찾아서 듣길 바란다. 당신이 그 노래를 듣게 된다면 이 책은 작은 역할을 했다고 생각한다.

쿠바라는 아직도 『슬픈 열대』를 회상하며 글을 쓰는 동안 떠오르는 하나의 글귀는 바로 '삶에 감사합니다'였다. 90세의 현명한 노인이 말한 그 한 마디. '내게 가장 소중하고 행복한 순간은 바로 이 순간, 당신과 함께 있는 이 순간'이라는 이야기를 들은 것만으로도 나는 쿠바의 여행을 감사하게 생각한다. 나의 작은 바람은 다시 쿠바를 찾아서 변변치 않은 나의 첫 번째 장편 다큐멘터리 〈시간의 춤〉을 내가 쿠바에서 만난 사람들에게 보여주는 것이다. 그리고 다시 거리를 천천히 걷거나 자전거를 타고 골목을 달리고 바라데로의 해안에서 일주일쯤 낮잠을 자고 싶다. 좀 더 멀리 자동차 여행을 하고 싶고 이제 쿠바에서 찍고 싶은 멜로영화의 대본을 아주 느리게 쓰고 싶다.

시네아스트 송일곤의 감성 스토리
# 낭만쿠바

| 펴낸날 | 초판 1쇄 2010년 6월 10일 |
| | 3쇄 2010년 10월 11일 |

지은이 **송일곤**
펴낸이 **심만수**
펴낸곳 **㈜살림출판사**
출판등록 1989년 11월 1일 제9-210호

경기도 파주시 교하읍 문발리 파주출판도시 522-1
전화 031)955-1350  팩스 031)955-1355
기획·편집 031)955-4671
http://www.sallimbooks.com
book@sallimbooks.com

ISBN 978-89-522-1403-4  13810

※ 값은 뒤표지에 있습니다.
※ 잘못 만들어진 책은 구입하신 서점에서 바꾸어 드립니다.

책임편집 **박종훈**